発達を育む

赤ちゃんのおもちゃ

０～３歳まで

岩城敏之

おもちゃの
選び方と
遊び方の
ヒントが
いっぱい！

三学出版

ごあいさつ

おもちゃ屋の息子として生まれ、子どもの頃からおもちゃの大切さを考えてきました。たくさんのおもちゃをたくさんの赤ちゃんたちの力を借りて試してきました。この度、「よく遊ぶ赤ちゃんのおもちゃガイド」を現代の若い親の子育てを応援する形につくり直しました。

みなさんの楽しい子育てに役立てたらうれしいです。

キッズいわき・ぱふ

代表　岩城敏之

since1956　since1987

はじめに

赤ちゃんのおもちゃを、選ぶのは難しいですね。赤ちゃんがおもしろいと思うことと大人がおもしろいと思うことが少しちがっているからです。赤ちゃんが喜ぶだろうと思っておもちゃを買い与えても、ほとんどがはずれてしまいます。

大人が思ったとおりに遊ばない、取扱説明書どおりに遊ばないということが多いのです。それどころか、全く違った遊び方をします。

例えば、口に入れてなめるとか投げるとか、ひっくりかえすとかします。そんな時には、「この子はおもちゃで遊べないのかな」と思わないで赤ちゃんのしている方が正しいと考えて欲しいのです。そうすると赤ちゃんのおもちゃが見えてくると思います。

もちろんケガをしたり、あるいは人に迷惑をかけたりすることはダメですから、「これはやめて欲しい」というしつけは大切です。

でも、その時その時期の子どもの「何だかおもしろそうだな」と思ってやりたがる「いたずら」を、いかに保障するかということが、赤ちゃんのおもちゃを見つけるときのポイントになります。

子どものおもしろがってしたがる事柄というのは、子どもの発達と関係しています。その時その時期に出来ること、その時その時期に分かることがおもしろいのです。赤ちゃんが分かること、出来ることは何なのかを子どもの様子を見ながら、子どもと関わりながら発見していただくとうれしいと思います。この本がみなさんのたのしい子育てに役立てていただけたらうれしいです。

目次

［3］　1歳児のおもちゃ　54

イラスト／越智まいこ
写真協力／わんぱく保育園

［1］赤ちゃんのおもちゃの見つけ方

ポイント1　赤ちゃんはみんな個性的

この本では、０歳から三歳までを中心にお話ししたいと思いますが、子どもの発達の段階というのは、例えば、何歳になったら突然それが出来るというわけではありません。個人差があります。皆さんの一人ひとりの赤ちゃんが「何月何日にはこのおもちゃでこんなことをおもしろがります」というのは、どんな本にも書くことは出来ません。本に書くことが出来るのは、子どもの成長のおおよその目安や、遊びを見つけるヒントのようなものです。

ミルクを飲む量や睡眠の時間にも個人差があるように、発達や遊びにも個人差があります。ましてや興味の対象が赤ちゃんによって違う事などは個性と言っても良いでしょう。

自分の赤ちゃんと他の赤ちゃんと比べて、早いとか遅いとかを余り気にしないで下さい。それは、専門家にまかせておきましょう。私たちがしなければいけないのは、今、目の前にいる赤ちゃんが、

◉なにを楽しんでくれるかなと考えること
◉喜んだことを繰り返し繰り返し、あそんであげること
◉赤ちゃんが喜んだことをいっしょに喜んであげること
◉その子なりの成長のプロセスを見守りながら機嫌良くおつき合いをしていくこと

です。

> 我が子が、今、何を面白がっているかを知っている人が、上手なおもちゃの与え方が出来るのです。それは、赤ちゃんを毎日見守っておられる皆さんです。

ポイント2 子どもは成長する―反抗期とは―

子どもに「ごはんできたから手を洗いに行こうか」と声をかけます。でも、子どもは遊びをやめてくれません。根気良く三回言ったとしましょうか。そしてやっと三回目にきりをつけて、手を洗いに行ってくれたとします。三回も声をかけるとってても気のやさしい親なわけです。

ところが、いつの日か二、三回言うと「うるさい！」と子どもが言う時期がくるのです。その「うるさい！」と子どもがいつ言うかは分からないのです。それまでは二回も三回も言ってもらわないとなかなかきりがつかなかった子どもだったんだけれども、二回目が「うるさい！」、三回目には「もう、分かってる！」と怒る年齢がいつか来るのです。

その時、大人は「もう三回も呼ばなくてもいい年齢に成長したんだ」と喜んで、少し仕事を減らせばいいのです。子どもはこんな風にどんどん成長して自立していきます。私たち大人は、その段階で我が子が次のステップに育っていることを知ります。大人は、いつも子どもの成長の後から気がついてしまいます。

例えば、0歳児のことを良く勉強したお母さんがいたとします。このお母さんは、赤ちゃんと楽しく遊べて、いい関係があるのですが、気がついたら赤ちゃんは一歳になってしまうのです。そうするといつまでも赤ちゃんだと思ってつき合っているとズレがでてきます。特に大きな成長の節目というのが一歳半ぐらいに来ますが、この時は今までと違って、「何でも自分でする」という気持ちが強くなってきていますから大人の手助けを強くこばんだりします。また、今まで友だちにおもちゃを取られても平気だったのに、この時期は取られたらなぐってでも取り返すぐらいの気持ちが出てくるのです。そうすると、今までとちょっと違った感じのつき合い方になるのです。

このように、典型的に今までのつき合い方ではうまくいかなくなるという節目があります。その時、私たち大人はたいてい過去の子どもとおつき合いをしていることが多いのです。そのギャップが大きくなれば子どもからメッセージを出してきます。「うるさい」だとか、手伝おうと思って出した大人の手を払いのけるとかしてきます。大人はこれを「反抗期」と言ってきました。でも本当は、自分の意志を大切にしたり、自分で出来ることは自分でするんだという気持ちが以前より強くなったということです。自分のレベルが次の段階に入ったわけですから「自立期」と思った方がよいでしょう。だから「あー、この子は今こんなふうに育ってきたんだ」と思って、その時期の(例えば一歳半の子どもになったら一歳半の)、子どもとのおつき合いを始めたらいいわけです。そうやって子どもの成長に寄り添いながら機嫌良く大人はついていくと楽しく過ごせるんじゃないかなと思います。

成長するということは、「自分でわかること」「自分で出来ること」がどんどん増えていくということです。毎日がノーベル賞的発見と金メダルものの新記録の連続です。その喜びの毎日に共感しながら過ごしましょう。

おもちゃは、適度な刺激として子どもの成長を触発する大切な道具ですが、赤ちゃんのおもちゃは、赤ちゃんの成長によって卒業していくものも多くあります。赤ちゃんは三か月もたつと、遊びが変わっていますので、時々は、おもちゃも見直してあげて下さい。

ポイント3 おもちゃで楽しむために

この本では、だいたい何歳になったらこんなことが出来ますよという話をしますが、あくまでもそれは目安です。そして、子どもが、いつどんな時期に入るのかということは、皆さんのお子さんが先生ですから、よく子どもを見て、今何をおもしろがったり、あるいは何か分かったりしているのか、またどういうことが難しいのかということを見つけていって下さい。

例えば何歳になったらこんなことができるよというマニュアルどおりに育てようと思いますと、早かったらうちの子は賢いんじゃないかと思いますが、遅かったら遅れてるんじゃないかなと思って、すごく不安になりますよね。そうすると、大人は、おもちゃで遊ぶのではなくて練習とか訓練とか鍛錬とか修行とかをさせてしまうのです。

赤ちゃんは、「これで遊んだら賢くなるんだから」と言われて、無理やりさせられてしまう。それはおもちゃじゃないですね。それは知育教材と言われるものになってしまいます。おもちゃであるためには「面白い」「たのしい」が一番です。**あそぶということは今、自分に与えられた能力を使って幸せを追求することです。**仮に子どもが訓練、鍛錬で出来たからといって、それは出来る力があっても、もう一回したい気持ちが育っているかどうかは別なわけです。

ポイント4 「もう一回」がサイン

遊んで育つという考え方は、「もっとしたい」「あーおもしろかった。もう一回したい」という気持ちをいかに育てるかということと関係しています。子どもと遊んでみて「もう一回したい？」と聞いたときに「うん」と言ったら大人は、「あーこれはおもしろかったんだ」というふうに分かります。あるいは「もう一回？」と聞いたときに「いや」と言ったら、「あーこれはちょっとしんどかったんだな」ということが分かります。こういうことも子どもの成長を見つける一つのポイントですね。

このように、「子どもが、もっとやってみたい」と思って繰り返し遊ぶことによって、「意欲」が育ち「思考」や「手先の器用さや体力」が結果として身に付くのではないでしょうか。難しすぎても簡単すぎても「もう一回」は出てきません。我が子のもう一回を見つけることは大切です。繰り返し遊ぶことで、子どもは習熟していきます。

はじめ、一〇回挑戦して一〇回失敗するところからはじまり、一〜二回成功し、いつか一〇回中一〇回成功する時が来ます。

子どもが一つひとつ体で覚えていくために繰り返し遊ぶことが大切です。

大人は、子どもが一〇回チャレンジして一〇回成功するまでの長い長い失敗の歴史と根気よくおつきあいすることが大切です。

もう1回!
赤ちゃんは
ばあッ
キャキャ
「楽しいな」「もう一回してほしい」と思っても
もっと。
…?
リクエストする方法を知らないのです。
こんな時
もう一回しようか?
大人がサインを送ると…
その内に赤ちゃんも
もっぺん!
もっぺん?
リクエストしてくれますよ♡

ポイント5　離乳食と同じように

赤ちゃんの食事に気を配るように赤ちゃんのおもちゃにも気を配る人が増えて欲しいと思います。**赤ちゃんは、食べた物で体を作ります。同じように、赤ちゃんは遊んで心と体を育んでいきます。**ガラガラから始まる赤ちゃんのおもちゃが赤ちゃんの心と体を健やかに育むものであって欲しいです。離乳食と同じようにということは、安全で、基本的で、刺激の少ないものを大切にするということです。

激しい音や光のおもちゃより刺激の少ない、自然な音、大きくない音を選びたいし、強い光をさけてやさしい間接光を大切にしたいです。暴力的なものより平和なものを。バーチャル世界よりも日常生活をテーマにしたものを。デジタルよりアナログを。機械仕掛けより手動式を。人工素材より自然素材を。でも神経質になる必要はありません。便利な社会の便利な道具も上手に使いながら、どこかでこのことを意識して下さるとうれしいです。赤ちゃんは一番自然に近いのですから。

ポイント6　まねっこが大切

人は人が育てないと人になりません。便利だからと言って、テレビで子守りは危険です。本来、赤ちゃんは長く遊ぶことができません。常に大人たちに遊

おもちゃが遊ぶ？
見流し…
こんにちは〜!!
聞き流し…
強い刺激に興奮してるだけ!!
このおもちゃ全然遊ばない…
高かったのに…
………おもちゃが遊んでくれないからつまんない…

んで欲しがります。ひとりで長く遊べるようになるのは、物語が理解できて、その世界の中で遊べる三歳過ぎの幼児になってからです。大人は、おもちゃを与えて赤ちゃんがひとりで長く遊んで欲しいと思いますが、そんなおもちゃは残念ながらありません。テレビやビデオなど次々と点滅する映像や、電動式で子どもの気持ちをハイテンションにするものは、確かに子どもの子守りをしてくれます。が、子どもの五感を育む上で問題があり、最小限度にして欲しいと思います。大切なのは、大人が見本を見せて赤ちゃんに「まねっこ」させることです。

親のしていることを「よく見る」「よく聞く」「よくまねる」ことが学習能力です。テレビなどは見流す、聞き流す、まねっこしないで興奮しているだけです。

おもちゃを与えて、「はい、おもちゃよ、あそびなさい。」では遊びません。大人が見本を見せて、上手にまねっこが出来たら少しオーバーなぐらい「上手！」とほめてあげましょう。昔からのわらべうたで「いいお顔」でニコッとした笑顔をまねさせたり「にぎにぎ」と手のひらをにぎったり開いたりする遊びをまねさせたり、「〇〇ちゃん　ハーイ！」と手をあげることをまねさせたりすることがとても、とても大切な遊びです。

おすすめ参考図書

○『二才まではテレビを消してみませんか』ビデオ（子どもとメディア）

○『「わらべうた」で子育て　入門編』『「わらべうた」で子育て　応用編』（福音館書店）

○『笑ってまなぶ子育てのコツ』『子育てのコツ』『続子育てのコツ』（三学出版）

ポイント7　赤ちゃんは真剣です

遊ぶということは、幸せを追求することでもあります。私たち大人は、それぞれの趣味や生きがいがあって、人生をどのように生きるか、あるいは、次の休日をどのように過ごすかを真剣に考えます。遊びは、本気で自分らしく、自分の命を使うことです。

ところが、年齢によって興味が変わるように遊びも変わります。独身時代、あれだけ恋愛占いに熱中していたにもかかわらず、今は金運や健康運に変化している人も多いはずです。はるか昔、私たちが赤ちゃんだった時、きっと赤ちゃんなりの真剣さで、赤ちゃんの興味で、毎日の幸せを追求していました。

赤ちゃんも、私たち大人と同じ真剣さで遊ぼうとしています。**ひとりひとりの赤ちゃんの真剣な幸せ追求行為を認めてあげましょう。それは赤ちゃんの人となり、人権を尊重する関わりでもあります。**

ポイント8　安全について

赤ちゃんは、なんでも口の中に入れます。窒息と毒物に気をつけてください。日本では、「おもちゃ」は、食品衛生法に従うことが求められています。現在、全ての輸入おもちゃはサンプル検査を受けています。世界で一番きびしい法律と言われています。

人によって違う
なんだコレ？
もう〜〜何がおもしろいのかしらね？
キャー！
子どもの興味って…ワケわからん!!
そこの大人の人!!
ボクたちは今、自分の興味に一生懸命なんだよ!!
ドシィィッ
アンタだってそうでしょ!!
どっちにしよっかな〜♡
何がおもしろいのかね〜？
ビリリ
お互いさま!!

◉気をつけて！①

食品衛生法は、食品や食品の包装、おもちゃを対象にしている法律です。装飾的なものは、対象外です。おもちゃの汽車の形をしていても装飾品として販売されるときは、この法律の対象外になります。

絵本は、業界が自主的に安全なインクを使っています。その他の印刷物は気をつけましょう。一般的に塗料には毒性があるものが多いので気をつけてください。

また塩ビ製品にはフタル酸エステルという環境ホルモンが入っていることがあります。おもちゃには使用が禁止されていますが、日曜大工類や手芸品などは別です。

赤ちゃんの手作りおもちゃを作る時は販売店に、赤ちゃんがなめても大丈夫な材料かどうか確かめてください。

［2］０歳児のおもちゃ

⦿見つめる遊び

新生児は、最初はよく赤い玉を見ると言われています。また色のコントラストに反応するということも分かっています。コントラストの基本は、光と影です。

キラキラと反射するものが好きです。でも目が弱いので強い光はさけてください。直接電球を見せるのはよくありません。風にゆれるレースのカーテンとか、天井からぶら下げるユラユラゆれるモビールが好きです。赤ちゃんは自分の目から大体二〇センチから三〇センチぐらいの距離で焦点を合わすというよ

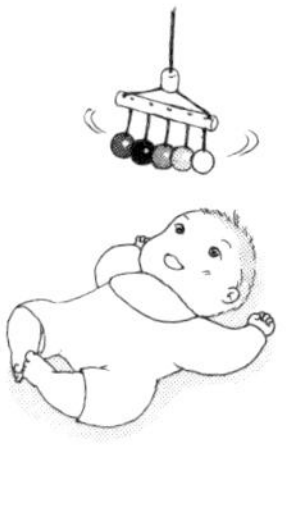

うになっています。これは不思議なことにお母さんが赤ちゃんにおっぱいをあげているときのお母さんの目と赤ちゃんの目の距離なのです。生まれた赤ちゃんは最初からお母さんを見るという、そこに目の焦点が合うように生まれてくるというのは不思議議ですね。

生まれたばかりの赤ちゃんは物を見るということがまず出来るわけですから、その見るという遊びをさせてあげたらいいと思います。いろいろなおもちゃを赤ちゃんの、目の二〇センチから三〇センチ近くに近づけてあげて、そしてどれがお気に入りかを探してみましょう。赤ちゃんの目がキラッと光るような、焦点を合わせてじっと見つめる位置がありますから、そこを見つけてみましょう。

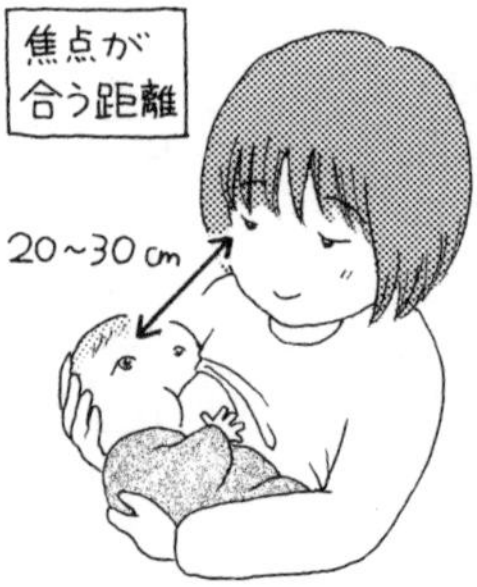

生命の神秘ですね！

また、赤ちゃんは人の顔にもよく反応します。赤ちゃんの一番のおもちゃは、お母さんの顔と声です。赤ちゃんをいっぱい見つめてあやしてあげましょ

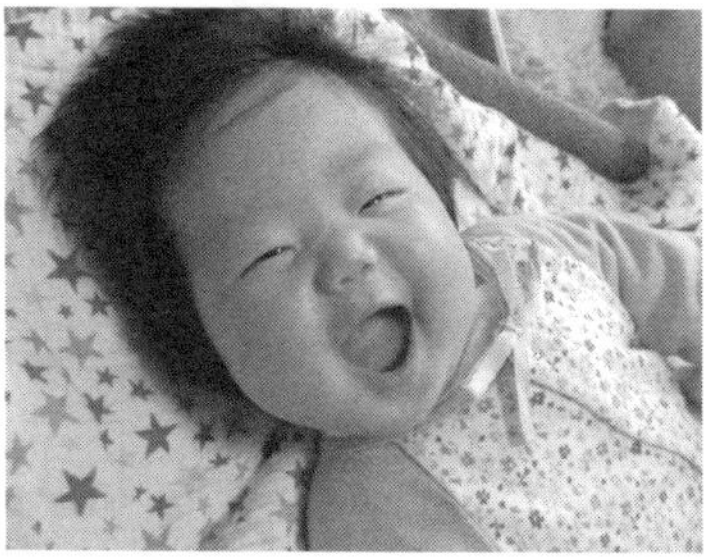

「オックン・ウックン……
いいおかお！」と笑顔の遊び。

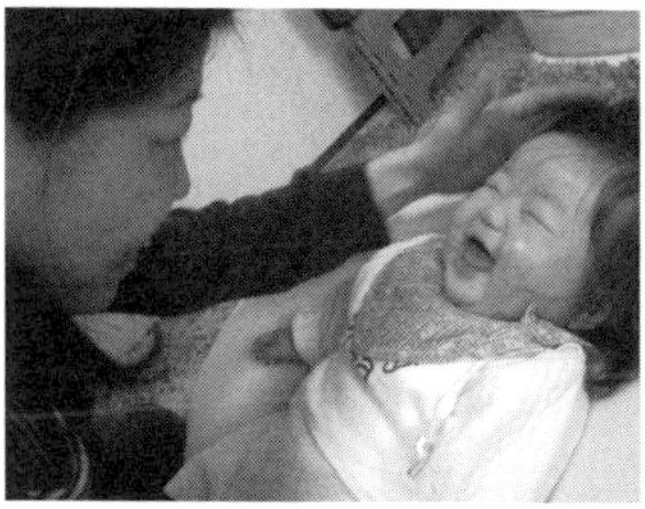

お母さんの顔と声がたのしい
おもちゃです。

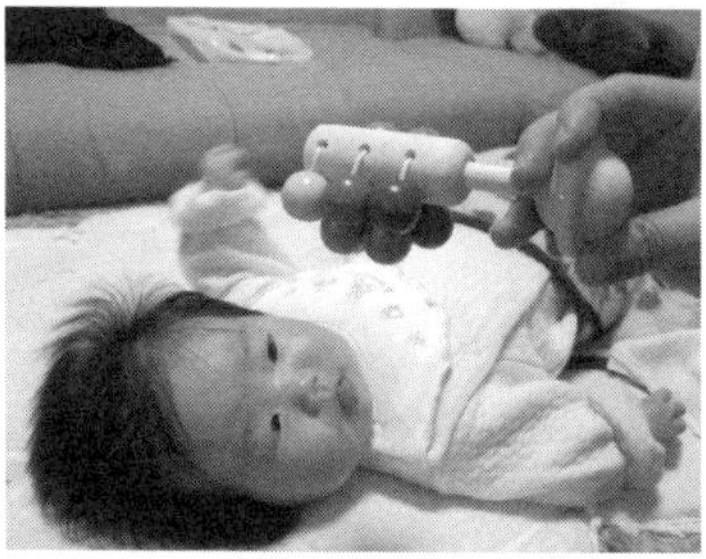

目でガラガラをゆっくり追う。

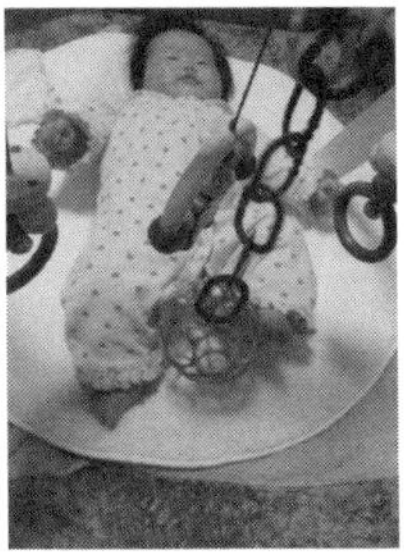

ムジーナ（ベビージム）にブーマリングス（エデュコチェーン）をぶら下げて、先にオーボールを取り付けたもの。

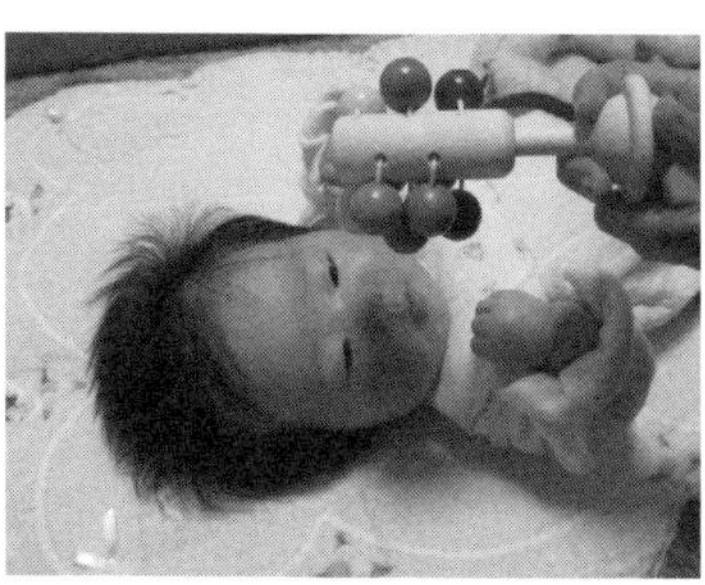

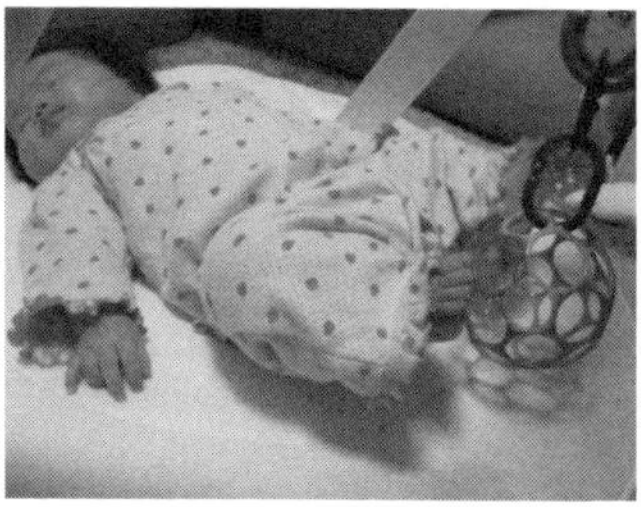

キック！キック！
手よりも足から発達が進みます。
大人の手をそえてキックをうながす遊びもしましょう。

スマイルマーク

う。また、目と口を描いたスマイルマークを子どもの目前に近づけるだけで子どもはニコッと笑ったりします。鏡も喜んで見ます。でも自分が映っているということはよく分からないのですが、なんかそこに顔があるというのがおもしろくてジーッと見つめる遊びです。

★この時期のおもちゃ★

『鏡』はわれない鏡を選びましょう。鏡は子どもが大きくなってからも使えます。『モビール』はしっかりと天井に止めて下さい。真上より少しななめの位置が安全です。

◎目で追う

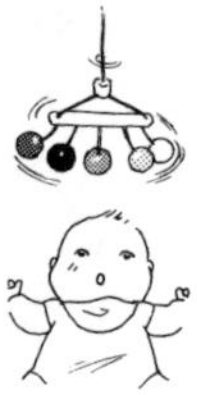

目の前にぶらさがっている物を見つめる、というのが赤ちゃんの大好きな遊びです。赤ちゃんの目の距離二〇センチから三〇センチの所に、また、手の届

きそうな所にぶらさげてあげましょう。赤ちゃんは、ジーと見つめる遊びが出来ると次は、ゆっくり目で追うことを喜びはじめます。

赤ちゃんの目の焦点が合う所にガラガラを持っていき、ゆっくりと左右に動かしてみましょう。赤ちゃんがどのくらい目で追いかけてくるか、試してみましょう。赤ちゃんは、一生懸命、頭を動かして追っかけてきますよ。また、上下にも動かして下さい。赤ちゃんがどのくらい目で追いかけてくるか、試してみましょう。

★この時期のおもちゃ★

『ベビーボール』は、ベッドに吊して与えます。吊すひもをねじって、ベビーボールを回転させてあげるのも楽しい遊びです。中央の赤い玉だけが自転するように動くので、赤ちゃんには止まっているように見えるのかもしれません。

『ケルンボール』は、美しい現代の吊りメリーです。吊すひもをねじって回転させると美しい虹色の輪に見えます。回転がゆっくりになると、また、赤青黄緑などの一〇色の玉があらわれます。球は、本体から取りはずしが出来るので、一個だけ取りはずして、追視遊びをしても楽しめます。

『クーゲルケッテ』は、ベッドの両サイドにくくりつけて与えます。この形が一番シンプルで良く遊ぶ形ですが、大人の好みに合わせて、さまざまなデザインのおもちゃが作られています。

床で寝ているのでしたら『ムジーナ』というおもちゃがあります。鉄棒のような形で、その棒の所にいろんなガラガラがぶらさがっているというおもちゃです。

⊙つかんでひっぱる

丸い玉をぶら下げてあげると赤ちゃんは最初はジーッと見ているだけなので

取ってみたいなぁ～。

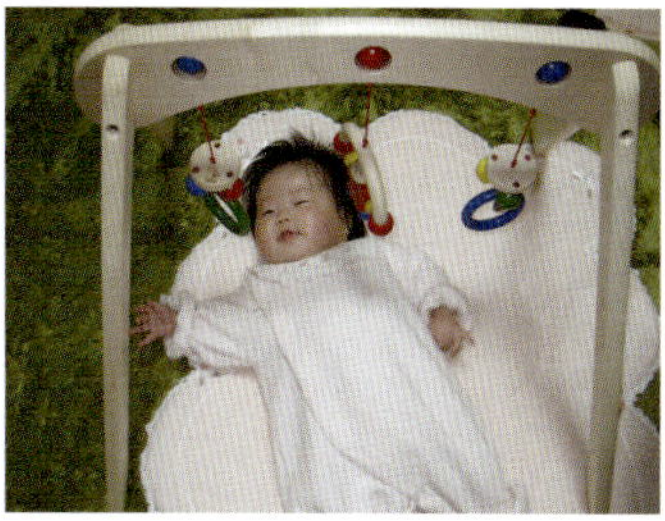

ひとりで遊んでくれる。

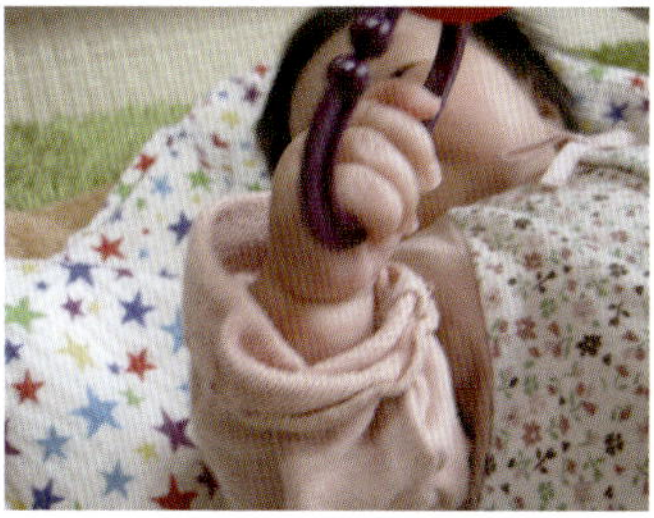

「ゲット !!」

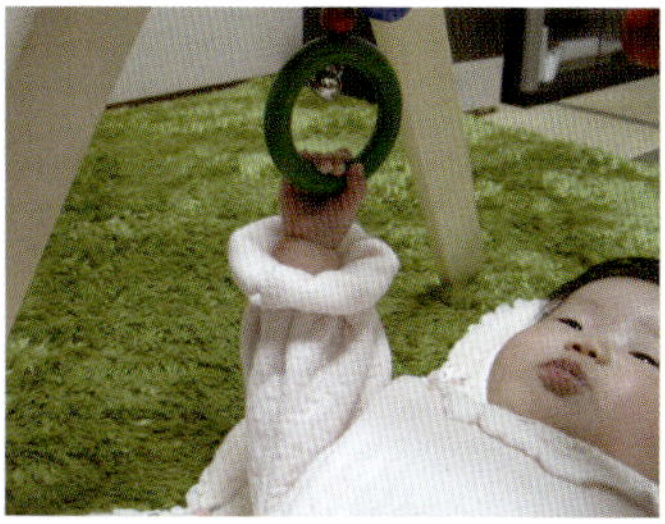

リングは握りやすい。

しっかり握っている。

ドリオをぶら下げている。

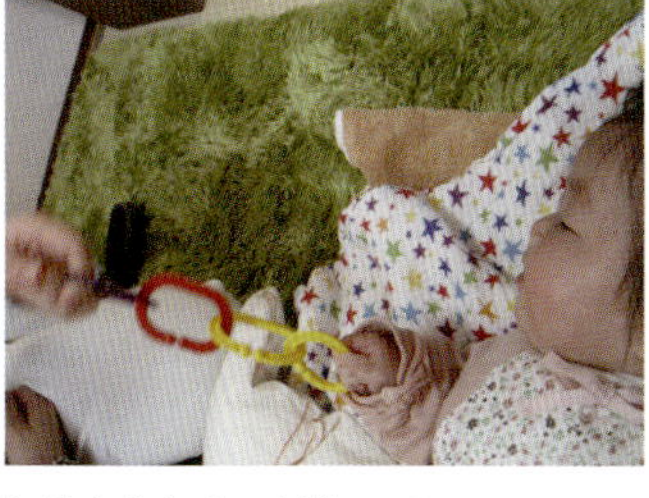

お母さんとひっぱりっこ。

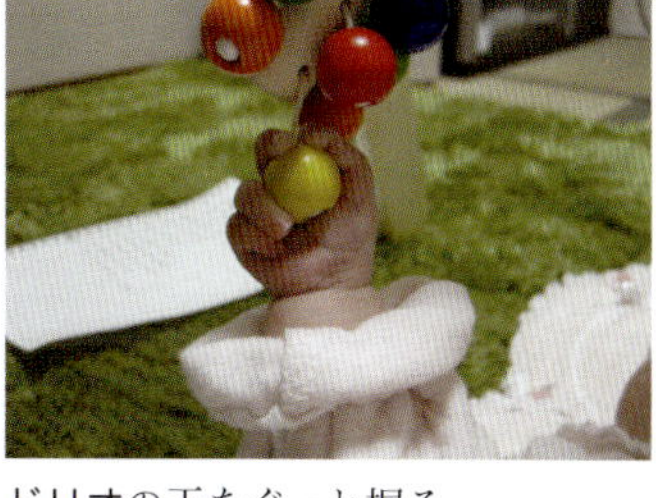

ドリオの玉をぐっと握る。

すが、そのうちつかみたいと思うのです。だんだんとその気持ちが強くなってきて、その玉の方に手を伸ばそうとします。ところがまだまだ自分の思いと手の筋肉、神経がつながっていないものですから、宇宙遊泳するようにウロウロと違う方向に手を動かします。

赤ちゃんが手を動かしているうちに偶然にカチャッと玉に手が当たることがあります。そうすると赤ちゃんは「あっ！当たった。今と同じように筋肉を動かしてみたら当たるかな」と思って、また一生懸命、さっきの筋肉の動かし方をやってみるわけです。でもなかなか当たらない。それが毎日一生懸命遊んでいるうちにコツが分かってくるのです。

「どうもこういうふうに動かしたら玉の所に手が行くぞ」と分かるのです。そして、いつか自分の思い通りに手を動かすことが出来るようになります。

赤ちゃんには、最初生まれたときから手のひらに物を持たせてあげると握って離さないという反射があります。それが自分の意志で、その丸い玉の所に手を伸ばして、自分で手を開いて上手に握るという遊びをしはじめるのです。目でとらえた所に手を伸ばして、握って引っぱる。そして口に入れるというのが、この時期の遊びになってきます。三か月ぐらいになるとかなり上手にそれができるようになりますから、赤ちゃんが見たりする物、あるいは目でとらえてつかもうとする物、つかんで握って引っぱって口に入れて遊べる物を用意してあげてほしいのです。

一番好きなのは、丸い玉のようです。丸い玉というのは、どの指にも握力がかかるから長い時間握ることが出来て楽しいのです。子どもがグッと握りしめたときの感触が一番はっきりするからですね。その時に子どもの手のひらと玉の大きさが合っているというのが大切です。大人は、赤ちゃんとひっぱりっこして、

「つよい！つよい!!」と言って遊んであげましょう。

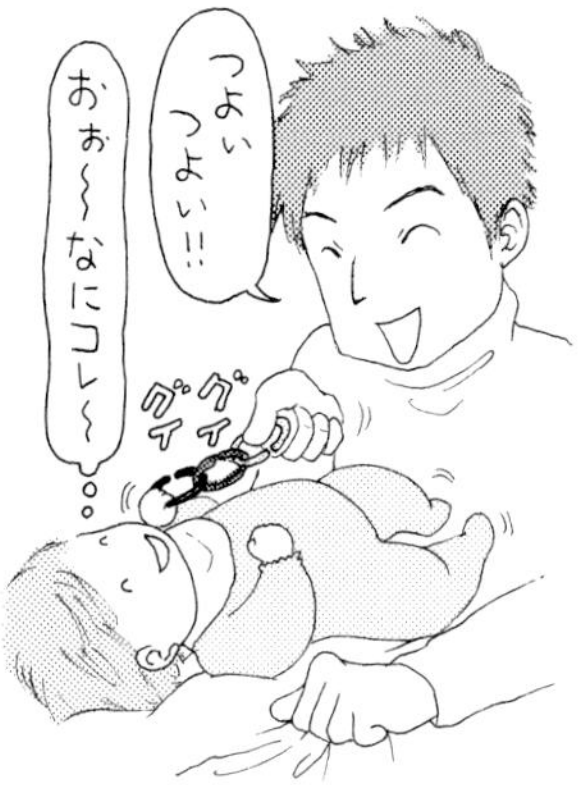

大人に引っぱられて、赤ちゃんは初め

モビール

自然にゆれる動きを見る遊び。

エデュコチェーン

握ったり、ひっぱたり振り回したり…長く遊べる。

ムジーナ　手を伸ばし、つかまえる遊び。

ベビーボール

追視遊びや握る遊び、ひっぱりっこも楽しい。

ケルンボール

クーゲルゲッテ

ベッドにぶら下げるおもちゃ丸い玉が握りやすい。

ギラリー３　おいしい！

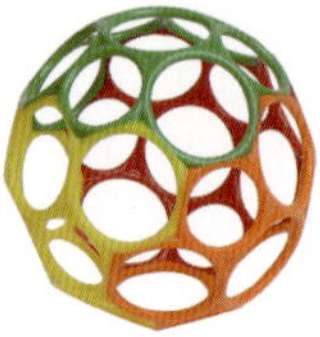

オーボール

握りやすいボール
やわらかく、軽く、長く遊べる。

ペンドリーいもむし

て自分の力を自覚します。普通赤ちゃんの親指は、他の指の内側に入っていることが多いので、親指を外に出して物を握らせてあげて下さい。

★この時期のおもちゃ★

ベッドに吊すのに『ベビーボール』『ケルンボール』『ブーマリングス』『エデュコチェーン』（『ブーマリングス』と『エデュコチェーン』はメーカー違いで、同じような形のおもちゃです。『エデュコチェーン』はより柔らかい素材です）『ド

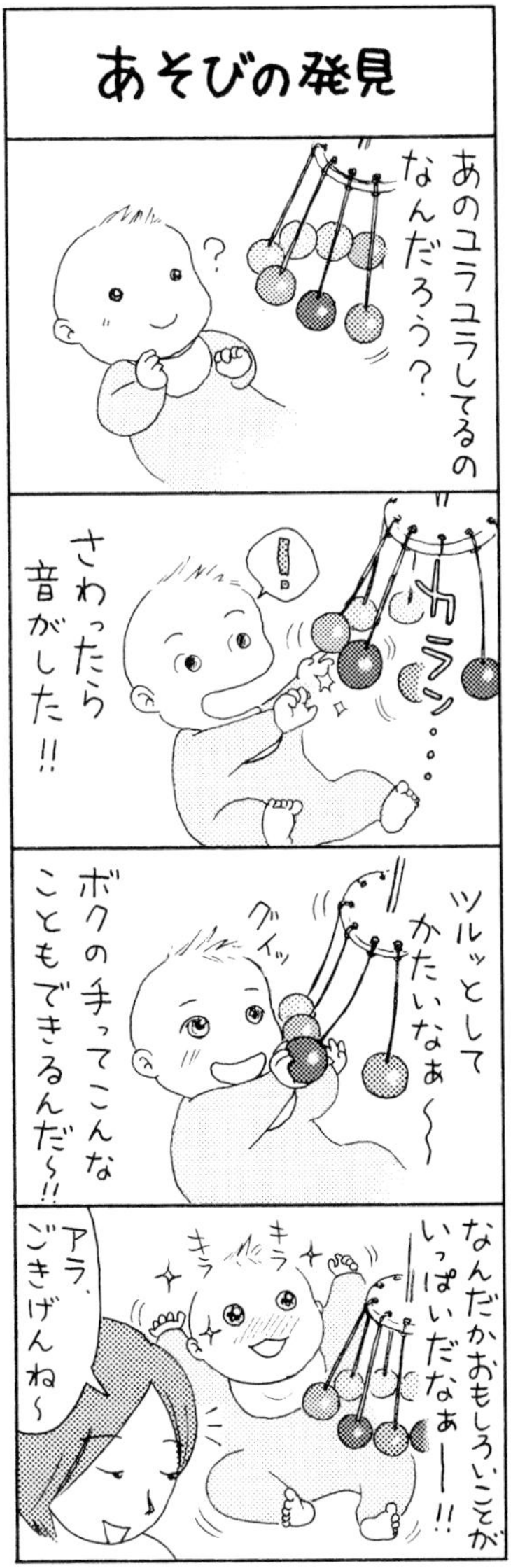

あそびの発見
あのユラユラしてるのなんだろう？
？
！
カラン。。。
さわったら音がした!!
ツルッとしてかたいなぁ～
グイッ
ボクの手ってこんなこともできるんだ～!!
キラキラ
なんだかおもしろいことがいっぱいだなぁー!!
アラ、ごきげんね～

リオ』。『ドリオ』のとっての所に『ブーマリングス』かひもみたいなもので、ベッドにくくってぶら下げてあげると『ベビーボール』と同じ様な遊びも出来ます。握って引っぱってガチャガチャ、ガチャガチャ遊ぶことが出来ます。赤ちゃんは握る遊びが好きなのです。『ブーマリングス』みたいに細長い丸い輪やドーナツみたいな輪の形のガラガラも握りやすい形です。『ギラリー・3』『玉のグミターン』

⊙なんでもお口

赤ちゃんは、自分で物が持てるようになるとそれを口の中に入れたり、振り回したりしはじめます。赤ちゃんの持ちやすい形と重さを選んであげましょう。人気のあるのは、やっぱり丸い玉のガラガラです。丸い玉は握りやすく口の中に含みやすいからです。自分で振り回して、自分の顔をたたいて泣いたりすることがありますが、それもケガをしない程度の勉強です。赤ちゃんはまた、よく

赤ちゃんのガラガラ

カレロ
赤ちゃんは丸い玉のガラガラが大好きです。

ドリオ　丸い玉を口に含んで口と舌の運動になります。丸い玉は握りやすい大きさです。

ギラリー・スクエア
両手で持ったり、持ちかえたりする時から遊びます。

ギラリー３　丸い輪を指で動かして遊びます。

ギラリー・ロール
転がしたり目で追わしたりつかんで振り回したり

ツインラトル
持ち替え遊びの決定版です。

ガラガラをとめる**クリップ**

ガラガラを落としてしまいます。出かける時は『ブーマリングス』や『エデュコチェーン』やガラガラ用のクリップなどで、服やベビーカー、マザーズバックに結んでおくと良いでしょう。

◉気をつけて！②

ひもは赤ちゃんの大好きなおもちゃですが、長いひもは赤ちゃんが指にからませて血を止めることがあります。また、首にまきついてちっ息することがあります。

赤ちゃんは手で物を確かめるより口で物を確かめることが多いのです。口の中に物を入れることはとっても大切な遊びで、唇の筋肉を鍛えたり、舌の筋肉を育てます。この遊びでよだれをこぼさないとか、よく食べ物をかむとか、あるいは発音が正しくできるようになります。指先よりも唇の方が神経が発達しているのです。これは小学校に入ってもしています。

例えば窓ガラスに唇を付けたり、ステンレスの手すりに唇を付けてその曲線の感触を楽しんだりする姿を見かけます。結構長いこと唇で物を確かめているようです。赤ちゃんはいろんな素材を口に運んでその素材を確かめているのです。気持ちのよい素材とかツルツルとかザラザラというものを味わうことや堅いものややわらかいものを歯ぐきで確かめたりすることは、とても大事なことです。

安全なフェルトや布やタオル地の物とかいろんな素材を与えて下さい。子ど

赤ちゃんはたいくつ
おでかけすると
大人は自分の用事で
忙しいけど…
ん〜
それでさ〜
お付き合いする
赤ちゃんは
結構たいくつ…
…
赤ちゃんだって
遊んでいたいのです。
おでかけするときは
忘れないで♡
こんな時には
「ブーマリングス
(エデュコチェーン)」!!
マザーズ
バッグや
ベビーカーの手すりに。
おもちゃをぶら下げても。

もが口にする物は衛生的にすることは大切です。でも、強い子どもに育てるために特別な病気でない限り、日常の中で出合うさまざまな雑菌に慣れることも大切です。最近、子どもが物をなめるのを嫌うお母さんが多いのですが、なめるということも子どもにとっては大切な遊びだということを覚えておいて下さい。

よく新聞や広告を口にする赤ちゃんがいますが、印刷物のインクは、安全ではないので気をつけて下さい。

◉気をつけて！③

六か月ぐらいまでの赤ちゃんは、口に入れた物を飲み込もうとする反射があります。細長い物は時々ゲッというぐらい喉の奥に突っ込もうとするので気をつけて下さい。玉の大きさも気をつけてほしいです。子どもが飲み込んで怖い誤飲というのがありますが、これで一番怖いのは窒息する大きさの物を飲み込むことです。子どもが飲み込んで窒息すると非常に危険ですから、子どもの喉に引っかかる一〇円玉前後ぐらいの大きさは気をつけて下さい。

だいたい三・五センチ以上の直径の大きい玉だと普通、喉を通ることはないでしょう。口の中には入るかもしれませんが、喉の中に入って止まるということがありませんから、この大きさは安心です。逆に、それ以下の玉はひもにつながっていて、飲み込めないことが大切です。『**ドリオ**』や『**ベビーボール**』などヨーロッパのガラガラの玉の小さいものは、ヨーロッパの安全基準に合格しています。赤ちゃんが口にして、ひっぱっても大丈夫です。小さすぎるものは飲み込んだらたいがいウンチで出るようです。

でも、気をつけてくださいね。近年は、口の中に入らない直径四・五センチの大きな玉のおもちゃも販売されるようになりました。

それからもう一つは毒物。毒物というのは、いわゆる大人が飲んでいる薬だとか洗剤などの薬品です。こういうものは非常に危険ですから気をつけて下さい。詳しくは小児科のお医者さんの指導を聞いて下さったらいいと思います。子どもの周りにあるものの中で危険なものを見つけておくということはとっても大切です。

消毒の器械…保育園など用に紫外線で殺菌する器械もあります。

⦿お座りすると

赤ちゃんはお座りが出来ると大人と同じように普通に座った視線で物を見るということができます。目を動かし首を振って、動く物を追っかけることができます。その時期には、ゆっくりと動くおもちゃを用意してあげましょう。目で追うだけでもとてもたいへんで、時々見失ったりもします。手で捕まえようとするのですが、手がおくれてしまい、つかめません。

目で「あっおもしろい自動車があるぞ」と思って、脳があの車を捕まえようと手に命令します。ところが、手が動くのに少し時間がかかるのです。ですから手が動いたときには、すでに自動車は次の所に転がっています。いつも後手後手になって車が捕まえられないという姿になります。これを見ていると赤

スロープ人形

カタッカタッとゆっくり進む**スロープ人形**　アヒルに気がつく。

一生懸命見続けようとしている。

どんぐりころころ

クネクネバーン（大）

（トレインカースロープ）

つかもうとしても車が先に行ってしまう。

ニックスロープ

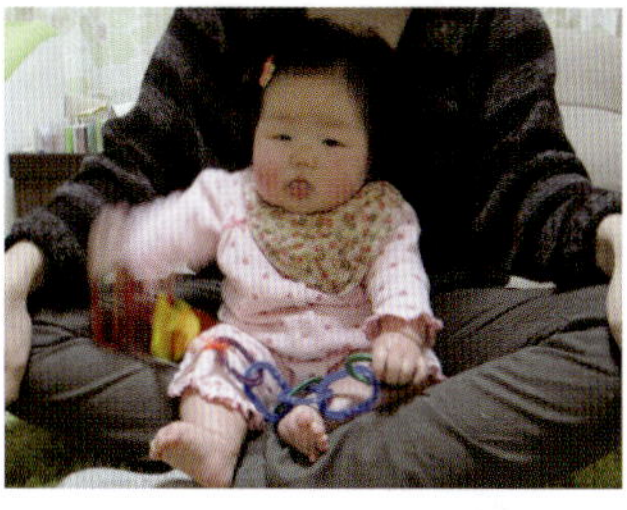

ガチャガチャしたのが大好き。

ちゃんには失礼ですが大人は結構楽しいのです。

まだ自分で玉を転がしたりできません。まだ握って離すということが難しいのです。この時期は大人がいっぱい遊んであげて下さい。また、うつぶせの姿勢を遊んでみましょう。目の前に見るものを置いて首や背筋を育てましょう。

たぐり寄せるおもちゃを置いて、赤ちゃんが手を伸ばしてつかまえる遊びもしてみましょう。これはハイハイの準備運動になります。

★この時期のおもちゃ★

『スロープ人形』。これは赤ちゃんの目の前をアヒルやゾウなどの動物がゆっくり歩くおもちゃです。赤ちゃんが目で追って、つかむことができるぐらいのスピードです。『クネクネバーン大』（『トレインカースロープ』）は、自動車がコロコロコロとゆっくり左右に振れて、スロープを転がっていくおもちゃです。

『どんぐりころころ』も愛らしくころころ転がるおもちゃです。

目で追い、くり返し遊ぶおもちゃ

ボールトラック・ローリー

コロコロシロホン

クネクネバーン（大）
（トレインカースロープ）

ディスクレーン・ベラ
ピスタ

クーゲルバーン
（シロホン付き玉の塔）

スロープ人形　あひる

NIC スロープ

どんぐりころころ

◉気をつけて④

この時期に子どもがおもちゃを引き寄せようとしておもちゃを自分の頭にゴツンと当てることがありますから、おもちゃは親が支えておくか、あるいは壁にくくりつけておいて下さい。

⊙ハイハイをうながす

引っぱるおもちゃは赤ちゃんが歩き始めてから買うことが多いようですが、出来たらハイハイをうながす時から与えてみましょう。ゆっくり動かしてあげるとそれを目で追って、それを手で捕まえようとしたりします。手で捕まえたら「上手‼」と言ってあげましょう。お父さんお母さんは「ちょうだい」と言っておもちゃをもらい、そしてまたコロコロ追っかけさせて捕まえさせるというふうに遊んであげて下さい。

★この時期のおもちゃ★

『カラームカデ』とか『むかで』とか、あるいは『スネイル』とか、いろんなおもちゃがあります。赤ちゃんがつかみやすい部分がどこかにあると遊びやすいと思います。

『ベビーロール』『オーボール』というおもちゃを転がしてハイハイを促して下さい。デコボコしているボールは赤ちゃんがつかみやすいし、そしてデコボコしているために適当なところで止まってくれます。普通のボールだとコロコロッと転がりすぎて子どもの視界から消えてしまい、追いかけることを止めてしまいます。

⊙ガチャガチャしたもの大好き

お座りが出来て、両手がからだをささえる以外に使えるようになると、両手を活発に使い始めます。物をつかんでテーブルを叩いたり、両手で物を叩き合わせるということをし始めたりもします。ガラガラを持ち替えたりも大好きです。こんな時には、持ち替えやすいガチャガチャしたガラガラを与えてあげて下さい。

ベビーカーにぶら下がっているおもちゃもよく見てみると、指を使って遊べない、ただかわいいだけの人形が付いたおもちゃが多いようです。そうではなくて子どもがしっかりと手のひらに握られる大きさの玉があるとか、あるいはガチャガチャといろんな所が動いて持ち替えたりするのにおもしろいようなおもちゃが大切です。

★この時期のおもちゃ★

『ブーマリングス』『ギラリー・スクエア』『ツインラトル』とか『ドリオ』などがこの時期のおもしろいおもちゃです。

⦿小さなものをつまむ

八か月ぐらいになってきますと、赤ちゃんは親指と他の指を向かい合わせることができます。細かい物をつまんで口に入れます。この時期は、飲み込む反

射はだいぶなくなっているのですが、口に小さい物を入れますので気をつけて下さい。小さい物がつまめるようになったわけですから、安全な物を与えてあげましょう。

★この時期のおもちゃ★

例えば『ブーマリングス』の輪っかをバラバラにして置いておくとか、あるいは『プラステン』の輪っかをバラバラに置いておいてあげるとか、『スリットボックスの大きい輪』とか『くまのひも通し』など、直径が三・五センチ以上の丸い円盤のようなおもちゃをばらまいてあげると一生懸命つかんでは口に入れます。今までは、ある一定の大きさがないと握れなかったのが上手に指を使って細かい物をつまめるようになってきたのです。

⊙はこをひっくりかえす

つまみたい
あ〜〜ッ
ダメダメ!!
あーん
何でも拾っちゃダメ!!
チェッ
お母さん、違うよ!
私はねぇ…
「つまむこと」ができるようになったんだよ!!
だから、「つまみやすくて飲みこめない」おもちゃを与えてネ♡
プラステンの輪っか
スリットBOXの大きい輪
くまのひも通し
ブーマリングス or エデュコチェーン

九か月ぐらいになってくると箱がおもしろくなってきます。それまでは、見えている物が見えなくなったら、もうなくなってしまったと思っているようです。気持ちが他の方に向いて、遊びを止めてしまいます。

ところが九か月ぐらいになると、箱の中におもちゃをポコンと入れると箱の中をのぞき込んで、その中のおもちゃを取ろうとする時期がきます。これは、見えないけれども扉の向こうに何かがあるんだと分かってきたということで

ゲット!!

つかまえようとして

まてまてまて

WALTER むかで

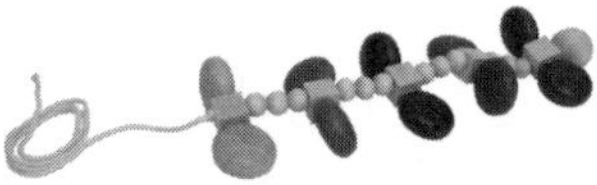

カラームカデ

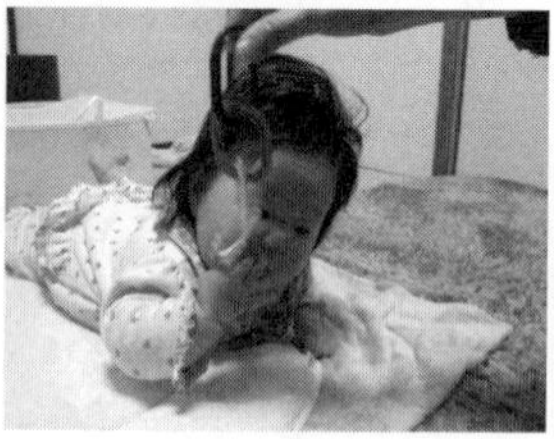

つかまえようと手を伸ばす遊び

スネイル

す。この時期に、例えばお母さんが見えなくても、台所で音がしているとお母さんが向こうにいるんだということが分かって、安心して遊びつづけることが出来るようになります。

しかし、やっかいなことに見えない向こうに何かがあるということが分かると引き出しを開けたり「開き」を開けたり、箱をひっくり返して中の物を出したり、ゴミ箱をひっくり返したりするようになるのです。とっても大変ですね。大人は、ダメダメを連発してしまいます。だけど大事なのは、「あーそうか、こ

の子は、今、箱に興味を持ち始めたんだ。見えない向こうに何かがあるのが分かったんだな」と思っていただいて、安心して遊べる箱を与えてあげて下さい。

大人は、チェーンや積み木やお手玉などを赤ちゃんの目の前で箱の中に入れて、「あれ、ないよ！」と言ってあげましょう。赤ちゃんはニコニコしながら箱の中をのぞいて、ほこらしげに「あった！」と取り出して見せてくれるでしょう。もし、ふたを開けて出さなかった時は、少し箱からチェーンをはみ出さしておきましょう。そして、それをひっぱり出す遊びから始めましょう。ティッシュペーパーを出す遊びと同じです。

ひっぱり出す。

★この時期のおもちゃ★

安全な箱。ざるやボウルなどの入れ物と、お手玉やつみ木などの中に入れるもの。入れたり出したり遊びというのは、九か月ぐらいからぼちぼち始まるわけですが、箱の中のものをまず出すということから始めます。中に入れるということはしません。

赤ちゃんはだいたい逆から始めます。積み木は積むことより崩すことから始めますし、引き出しは中に物をしまうのではなくて出すということから始めま

探険
ナニが入っているのかな?
ス〜
なッ…
何してるの!?
ひき出し開けちゃダメ!
危ないでしょッ!!
ビクッ
んも〜油断もスキもない!!
ひき出し開けられるようになったのに…
中の物も出せるのに…

す。ブロックもつなぐことよりも離すことから始めます。この時期は箱をひっくり返して中の物を出すという遊びがおもしろいわけですから、箱をいっぱい用意してあげて下さい。

この時期のおもちゃで一番おすすめが、『パタパタぱふBOX』というおもちゃです。九か月・一〇か月ぐらいから蓋を開けたり閉めたりする遊びがおもしろいのです。特にフタをパタンパタンと開けたり閉めたりするのがおもしろいのです。まだ丸や四角の積み木を認識して、穴の中に入れたりはしません。いろんな種類が発売されていますが、選び方のポイントは、

①赤ちゃんが自分で開けたり閉めたりできるようになっていること。

②蓋の開け閉めのときに指を挟まないように蓋とBOXの間に隙間があること。手をつめないため。

③中に入れる同じ形のつみ木が三ケぐらい複数個あるもの。繰り返し遊べるため。

④赤ちゃんが自分で繰り返し出し入れできるもの。

パタパタぱふＢＯＸ小

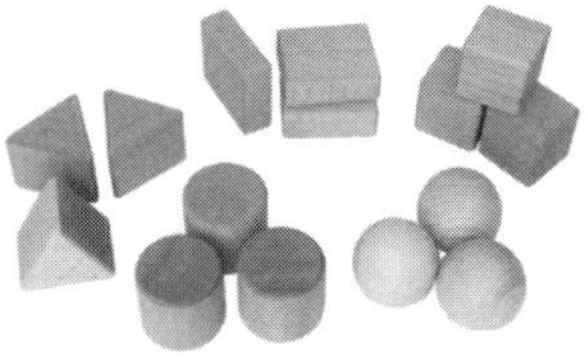

パタパタぱふＢＯＸ大

⦿出したり入れたり

一一か月ぐらいになってきますと、赤ちゃんは家の穴という穴、すき間というすき間に物を入れてくれます。ビデオデッキにスプーン、ゴミ箱に車のカギ、家具と家具の間にＴＶのリモコンｅｔｃ。この頃は握った物を上手に離すということができるようになったのです。

★この時期のおもちゃ★

『コロコロシロホン』や『トンネルキューブ』や『パタパタぱふＢＯＸ』などの球を穴に入れたりレールに乗せて転がすおもちゃを与えてあげましょう。

球を「ほらここ見てごらん」と言ってよく見せてあげて、赤ちゃんが見ているのをたしかめてからポコンと、中に入れてみましょう。それから「どうぞ」と子どもに渡してあげると赤ちゃんは大人のまねをして球を穴に入れます。

上手な見本
人のすることを
ここ見てごらん
トントン
「よく見て」
こうやって…
ほら！入ったね～
人の話を「よく聞いて」
やってみる？
ハイどうぞ
コク
「まねする力」！
上手!!
ポコッ
遊びの中でいっぱい育んであげたいですね。

危ない物もいっぱいあります。
危険なことは教えてね。

それはめっ!!

くどくど言わず、短く。
声や表情で、「いけない」
ことを伝えてください。

あったねぇ♡
あ～（あったー）

できたことは、大人の人が一緒に
喜んであげると、うれしさや
達成感が何倍にも膨らみます！

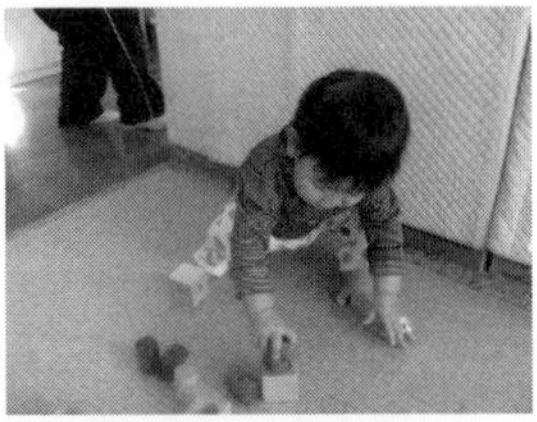

球の次は円柱です。

パチッと入るのが気持ちいい。

積み木は積む前にくずすことから始めます。

やった！つぶれた！

丸い球から覚えます。

入った！上手でしょう！

小さい積み木より大きい方が積みやすい。

球はどこから見ても丸なのでこの形を最初に赤ちゃんは覚えます。それから円柱、そして立方体の四角です。それから長四角や三角など複雑な形を覚えていきます。『パタパタぱふBOX』や『トンネルキューブ』の穴に自分で玉を入れます。球を覚えると、次は円柱を入れます。円柱を入れたり出したりのおもちゃで代表的なのが『リグノ』です。握って離すことが上手になると、レールに球をのせて転がすことが出来るようになります。その時のおもちゃは『コロコロシロホン』『ニックスロープ』『ボールトラックローリー』です。『クネクネバーン』の自動車は向きがあるので少しむずかしいです。

くりかえし
やった〜 入ったあ！

スゴイねー できたね!!

丸ができたのなら次は四角ね！ハイ頑張って!!

お母さん気持ちはわかるけどあせらないで！できたことを何回もするのがうれしいんですよ〜

じょうず♪

「できてうれしい」をくり返すと自信につながるんですよ〜

そうでしたか…

［3］ 1歳児のおもちゃ

⦿自信のかたまり

一歳から一歳半の間というのは人間の基本的な仕草がだんだんできるようになる時期です。目に見えて体の動きが大人に近づくわけです。歩くということもしますし、物を運ぶということもします。落ちているものを拾うことも出来ます。スプーンを使うということもできます。

この時期は、赤ちゃんが自信を育てる時期です。この時期にやればできる、自分は何でもできるんだという自信が身体的な発達に裏付けされて出てきて、一歳半の自我を育てていくわけです。

この時期におもしろいのは、例えば重たい物を押す、自分が体重をかけて押すとイスが動くということがうれしいのです。重たい物を運ぶということも好きです。手提げかばんの中に物を入れて運ぶことも好きです。

箱の中のものをひっくり返すだけの遊びが、だんだんと入れ物から入れ物に移し替えるということもします。ところがまだまだ量が分かりませんから、てんこ盛り、山盛りに、これ以上入らないよというぐらい山盛りになっていてもまだ入れようとします。子どもはこうして大きい小さいを学んでいきます。大

小がわかるのは、二歳ぐらいです。

入れたり出したり遊びというのは、三歳を過ぎても遊びます。この時期のままごと遊びというのは、いろんな道具を使ってする「入れたり出したり遊び」です。いろんな道具を使って子どもが手先を器用にさせていく遊びの始まりがここにあります。

底の深い物だとか浅い物だとか、口の広い物とか狭い物だとか、いろんな入れ物を用意してあげて、その中におはじきを入れたり、お手玉を入れたり、『プラステン』の輪っかをいっぱい入れたりして、それをジャーッとひっくり返したり、移し替えたりする遊びをさせてあげましょう。

⦿もっと小さいものをつまむ

一歳になると親指と人差し指が向かい合う二指対向がはじまります。そうすると、小さなゴミをつまんで食べたり、セロテープやシールをめくったり、紙

をやぶったり、大事な書類をメチャクチャにしたりも出来るわけです。人形やぬいぐるみの「ボタンの目」を取ったりもします。

この時期は特に小さいものが好きです。小さい玉をつまんで穴に入れるという難しい技術ができるので『クーゲルバーン』（『シロフォン付き玉の塔』）で遊ぶことが出来ます。ところが、まだまだ子どもは口に物を入れますから、玉の数を数えて管理して下さい。

花はじきとチェーンリングの
つまみやすく
飲みこめない工夫
ウッ
例えば…
交互につないだり…
1個のリングに
リングをたくさん
つないだり…
花はじきと
リングを
交互につないで
輪にしたり…
花はじきと
花はじきを
いくつかの
リングで
つないだり…

花はじき・チェーンリングをつないだもの。イガイガしてのどに入りにくいです。

★この時期のおもちゃ★

⊙なんでもポイポイ

一歳ぐらいになってくると、上手に「握った物を離す」ことが出来ます。それまでは後ろに投げるという遠心力を使って投げ飛ばすやり方だったのが、だんだんと意図的に前に投げるということができるようになります。

この時にやわらかいボールやお手玉みたいな、投げても大丈夫な物をいっぱい与えてあげると子どもはポイポイ、ポイポイ投げることを楽しみます。何か入れ物を与えてあげるとその入れ物の中に投げ入れるということもできますし、あるいはマジックテープで投げたらひっつくというのも楽しいですね。まだまだコントロールはありませんが、自分の力で前に飛んでいくということが楽しいのです。ビーチボールを両手でつかんで、ポーンと投げる遊びも出来ます。それをお父さんお母さんが受けて、「はい、もういっぺんどうぞ」と渡してあげる、かんたんなキャッチボールもできるようになってきます。

◉気をつけて⑤

赤ちゃんは、コップも積み木も投げます。家の中のガラスのある所は気をつけて下さい。

なんでも ポイポイ
ウチの子さ～、今何でもかんでも投げて困ってんのよね～
あらら～それは大変だね～
ホラホラあんなふうに…
あ～あ～
お母さん何言ってんの？
これまでは…手に持ったら
握ったまんまで離すことができなかったでしょう？
それがうまく離せるようになったし、
投げられるようになったんだよ！これってスゴくない？
ポイッ

⦿あっ！あっ！と指さし

一歳の子どもは人差し指がぴんと出て、「あっあっあっ」と指差しをします。この時期に『ポップアップ』というおもちゃがおもしろいです。指でつつくとピョーンと跳ねるおもちゃです。部屋の電気のスイッチを自分で入れたり切ったりもしたがります。この指差し遊びができるときは、たくさんの言葉を理解してきています。赤ちゃんが指差した物を親も見て、それを名付けたり一緒に話題を共有したりすることが、とても大切な言葉の学習です。

★この時期のおもちゃ★

ポップアップ・カエルさんジャンプ。カエルのおなかを押しながらすべらせるとピョンと跳びます。一歳代では、「ひっくりかえる」遊び。幼児からはゲームになります。

ポップアップ

カエルさんジャンプ

◉気をつけて⑥

人差し指をいろんな穴に突っ込もうとする時期でもあります。いろんな所に指を突っ込んで抜けなくなって泣くことがありますから気をつけてあげて下さい。

⊙たたくの大好き

物を叩くということも上手になってきます。この時期に太鼓とか、5音階のペンタトニックの鉄琴を与えてあげるとよろこびます。赤ちゃんは、演奏が出来ないのでただ叩くだけです。ドレミファソラシドの全ての音を与えると不協和音になってうるさくなります。できたら音を選んで与えてあげた方がいいと思います。単音の打楽器か、不協和音になりにくい、わらべうたの音階のペンタトニックが楽しいと思います。打楽器は音とリズムを楽しめます。ペンタトニックはどのように鳴らしても曲に聞こえる不思議な音階です。もちろん、空

き缶など、いろんな素材のいろんな音を楽しみましょう。叩いていい物とだめな物も教えましょう。電子音のおもちゃは、子どもには何の学習にもなりません。木をたたくと木の音、プラスチックをたたくとプラスチックの音は学習ですが、Aのボタンを押してピーピー、Bのボタンを押してブーブーは余り意味がありません。

叩く力や押す力の弱い子どもには電気仕掛けも大切です。ある場面で学習したことが別の場面で役に立つものが本当は望ましいと思います。

どんどん器用に
初めは腕全体を
ナナメに
振りおろす。
うまく的に
当たりにくい…
「パロ」or「ノックアウトボール」
その内に
ひじを使って
まっすぐ
叩き落とせる
ようになります。
「ハンマートーイ」
右手と左手が
上手に扱えるように
なって…両手で一つの
仕事ができるように
なって…
「大工さん」
もっと
大きくなったら
手首を使って
小さな釘を打ったりと
細かい仕事が
できるようになります。
「小さな大工さん」

ノックアウトボールで遊んでいる。１歳児

丸い玉はどの角度で叩いても下に落ちる。１歳～

ハンマートイは真上から叩かないと杭が落ちない。１歳半～

一番最初に叩くおもちゃはそういう太鼓だとか鉄琴だったりするのですが、丸い玉を叩く『パロ』のようなおもちゃもおもしろいです。

この時期は脇が軸になっています。脇を軸に叩きますから狙ったところになかなか上手に真っ直ぐ叩き落とすことができません。一歳半になってくるとだんだん上手にトンカチを真下に叩き落とすことができるようになります。それは肘を使って叩くことができるからです。

一歳の最初のうちは、丸い玉を斜めから叩いても落ちる『パロ』のようなも

広がる世界
あっ!
なんか音がした!!
パンッ!
たたいたらたおれた!!
こっちのはこわれちゃった!
たたいたらなにかがひっこんだよ～!!
私っていろんなことができるんだあ～♡
ステキー!!

のがいいでしょう。一歳半を過ぎてくると『ハンマートイ』で遊ぶことが出来るようになります。

◉ちらかす

赤ちゃんは散らかすことが大好きです。もう足の踏み場がないほど散らかしてくれます。残念ながら自分で片づけるのは苦手です。だから散らかしきったら散らかす遊びが終わってしまいます。そうすると赤ちゃんは、また違うところへ出かけて行っては散らかします。赤ちゃんが散らかしたら、また次、散らかしやすいように入れ物に入れてあげるということが大人の仕事です。そうすると、散らかす遊びが続くのです。

そのためにもちょっとした小物入れみたいな籐のかごのようなものだとか、洗面器や食器のざるやボウルとか、段ボール箱に布を貼ったものとか、子どもが運んだりひっくり返したりしやすいものを用意してあげて下さい。

積み木を積むのは、赤ちゃんにはかなり難しい仕事です。でも、大人が積んだものをつぶすのは出来ます。出来ることは大好きです。初めはつぶすことから始まります。赤ちゃんがつぶしたら、「上手!!」とほめてあげて、また積んでみせてあげましょう。何回もつぶす遊びをした後に、赤ちゃんは積み始めます。

★この時期のおもちゃ★

花はじき、チェーンリング、ボール、ザル、プラステンの輪

パロ　ハンマーで玉を叩き入れると坂を転がって出て来ます。

歩きはじめるとひっぱるより押す方が良く見えて楽しい。

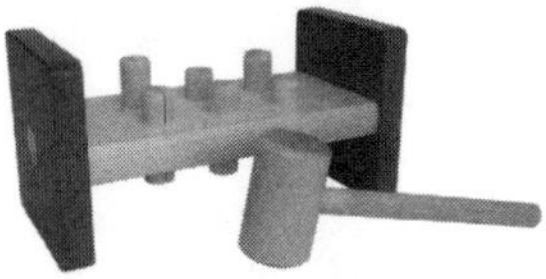

ハンマートイ　ハンマーでペグを叩いて遊び、裏返して繰り返し遊べます。

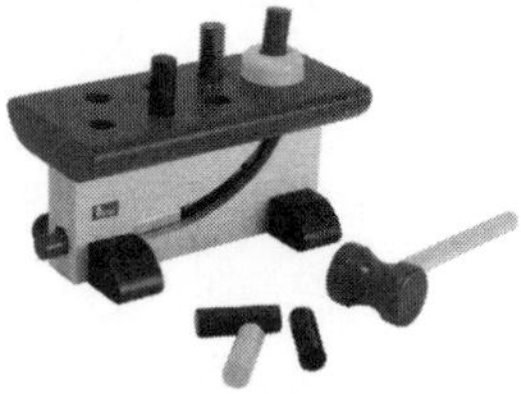

大工さん　片手でペグを支えながらもう一方の手でハンマーで叩くおもちゃ。2歳～

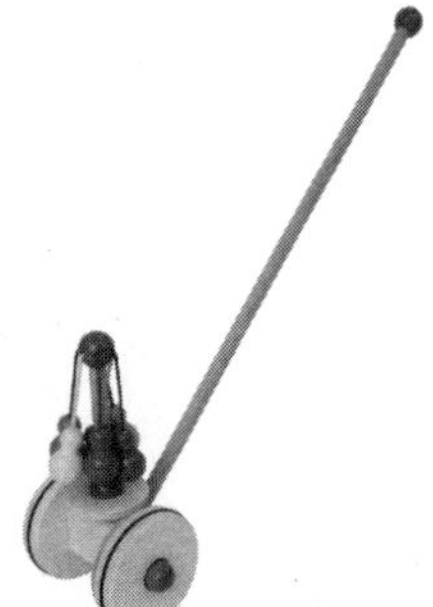

手押しメリーゴーランド　押し歩くとメリーゴーランドのように広がって回ります。

◉歩く・押す・ひっぱる・運ぶ

赤ちゃんは歩けるようになるとどんどん歩きたくなります。その時には歩くのがもっと楽しくなるような押すおもちゃを与えてあげましょう。早く歩かせることをうながして、ハイハイの経験が少ないと、倒れる時に手で自分の体を守れないことがあります。基本は、よくハイハイをして腕が育ってから歩くこ

どんどん進化
歩けるようになってきたよ♡
何かにつかまって
前に押して歩いたり
ズズズ
しっかり歩けだしたら…
片手で手押し車を押したりするの!
トテ
トテ
バランスが取れるようになったら
スゴイでしょー!
片足立ちだってできるんだよっ!

プラステンは１歳の前半からリングをはめます。

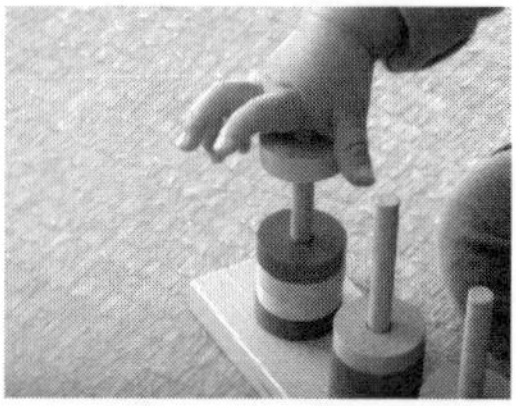

はめることが楽しく、色分けは２歳半ぐらいから。

リングを入れることより出すことから始めます。

いっぱい集めるのが好きな１歳～３歳。

プラステンのリングを棒にさす遊び。

集団で遊ぶ時は、棒は気をつけて下さい。

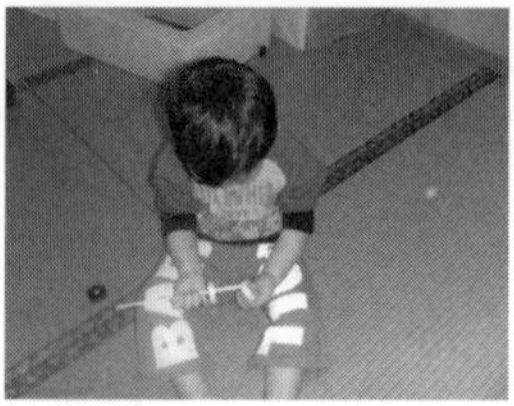

すごい集中力！

とです。さらに歩けるようになってもトンネルくぐりや坂道や階段を登るなどハイハイの運動は、腕を鍛える大切な遊びです。

はじめは、体重をかけて押すのが好きです。布を張った段ボール箱のような、安定して、床と摩擦があって、体重をあずけながら押すと少し前に進むものがよいでしょう。赤ちゃんが椅子を押したがるのはこのためです。

安定して歩けるようになると、物を上手に押したり運んだりひっぱったりして歩き始めます。特に大人の用事を聞いて物を運ぶのが好きです。

さらに安定して歩くようになると、重たい物を運びたがります。また袋にいっぱい物を入れて運びたがります。その結果、部屋中ちらかってしまいますが、そういう時期なんです。

★この時期のおもちゃ★

手押しメリーゴーランド・カタカタ

⊙プラステンの遊び方マニュアル

この時期のおもしろい遊びに『プラステン』というおもちゃがあります。約三五ミリの直径で約一〇ミリの高さの木製のリングが五色一〇個あり、それが五本の柱にささっている写真のようなおもちゃです。大人には色を分類させたり数を教えたりする教材のように思えるものですが、子どもの大好きなおもちゃです。

プラステンの遊び方マニュアル

①0か月からの赤ちゃんには、リングをひもで通してベッドにつるし、見たり、ひっぱったりする遊びに使えます。
②四か月ぐらいからはガラガラにしたり、歯がためにしたり。
③八か月頃には、つまむ遊び。

④つかまり立ちをしたら、机の上からリングを手で払い落とす遊び。
⑤入れものから出す遊び。
⑥一一か月頃から、貯金箱にコインを入れるようにリングを箱の穴に入れる遊び。
⑦一二か月頃は棒から全てのリングを出す遊び。
⑧一四か月頃から棒にさす遊び。
⑨一八か月から割りばしのような棒を片手に持ってリングを通す遊び。
⑩ままごとのおかずにする遊び。
⑪二四か月からひも通しにする遊び。
⑫三〇か月頃から色を分類する遊び。
⑬三六か月から色をきれいに並べる遊び。
⑭ゲームのチップやままごとのお金にする遊び。
⑮数を学ぶ遊び。
⑯積む遊び。

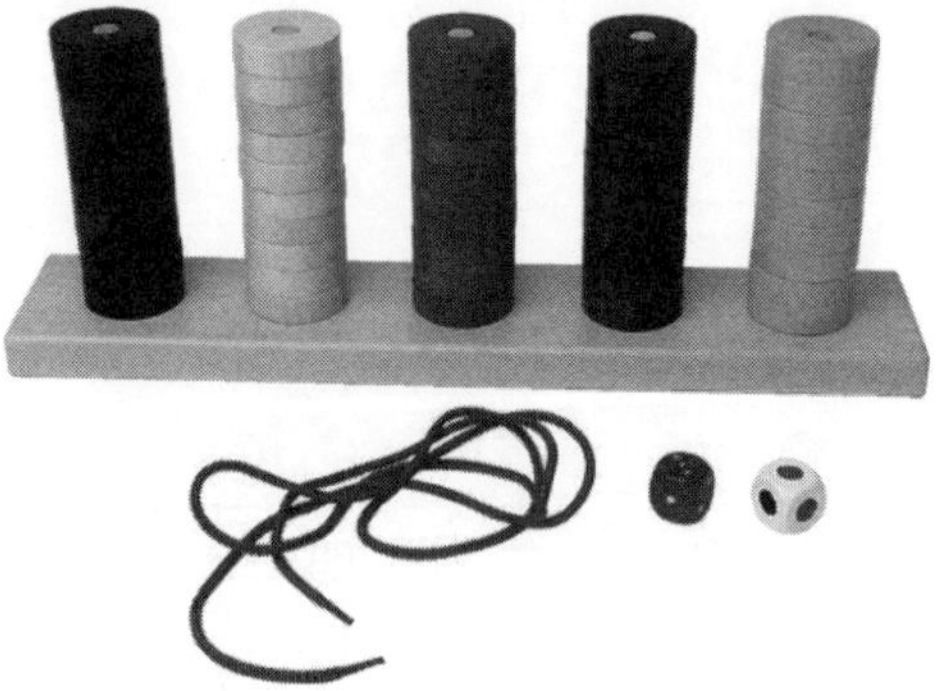

ひも通し用のひもやゲームにするためのサイコロもついている。

幼児になるとこんなこともする。

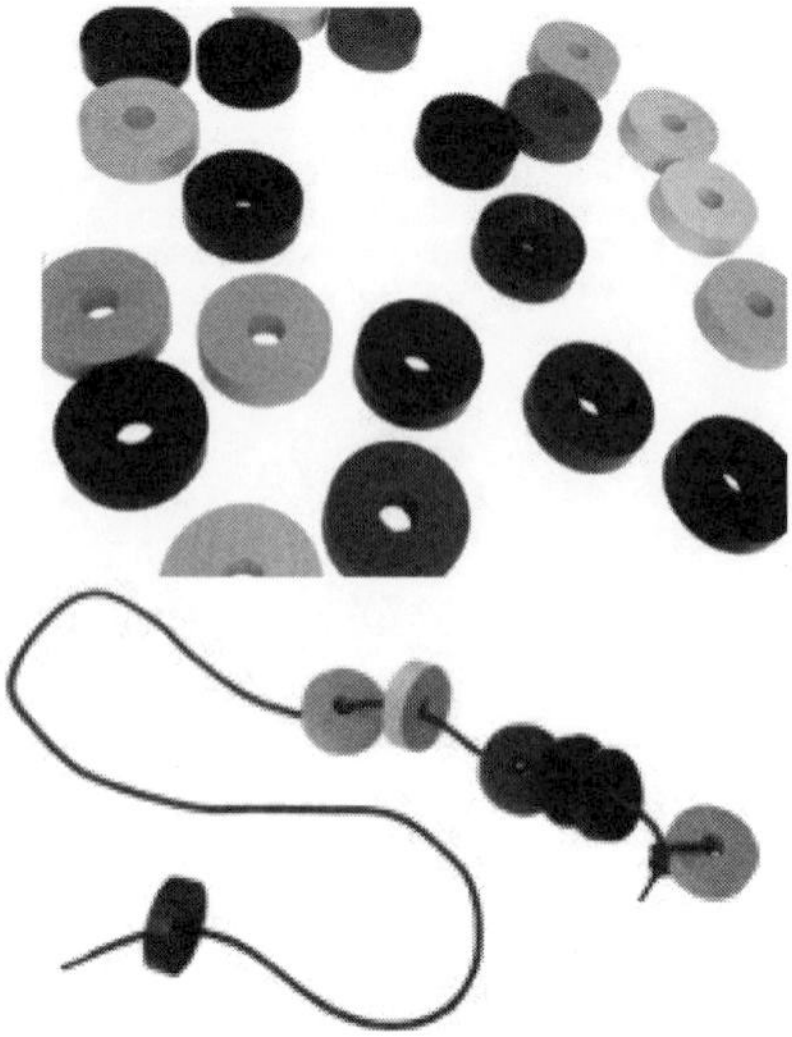

⑰指ではじく遊び　等々。
何にでも使える便利なおもちゃです。

立っている棒にリングの中を通していく遊びは一歳二か月ぐらいからやり始めます。でも、一番最初は一番てっぺんのリングだけを入れたり出したりしかできません。最初『プラステン』を渡すと赤ちゃんは棒に刺さっている一〇個ぐらいのピースを全部はずすということをします。入れることは後回しなので

万能プラステン！
大人ってさー〜〜
こういうの見ると
プラステン!!
違う違う!!
棒にさすんだよ!
それ、色が違うよ!
チッ
…って言うけどさぁ〜
それだけじゃつまんないよね!!
ガッシャア
大人なんかよりもっともっと遊び方知ってるよ!
私たちの遊び方がぜーんぶ正解なの♪

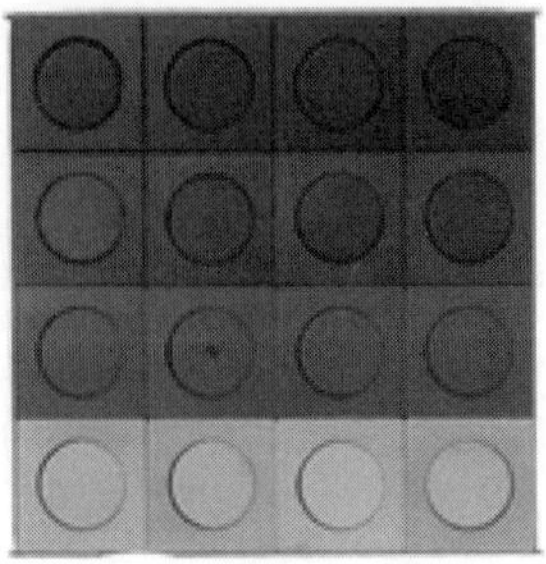

リグノ

リグノ　リグノは立方体の中心に円柱が入る穴があります。赤ちゃんは、この穴に円柱のつみ木を入れたり出したりします。

トンネルキューブ

トーテム

ネフスピール

不思議な形をしたこのつみ木は、いろんな積み方が出来ます。子どもは、新しい積み方を発見しては応用するという遊び方をします。

す。必ず最初は逆からです。

ブロックもつなぐことよりバラバラにするということが好きです。積み木も壊すことが大好きです。この遊びにつき合ってあげて下さい。**自分の力でまわりの世界を変化させることがうれしいのです。**ところがだんだんとブロックを引っ付けることが一歳半に向かって出来てきますし、積み木も積むことも出来てきます。『プラステン』も棒にパチッとはめることがだんだんできるようになります。

できる！の見つけ方
初めての棒さし遊び…
グイグイ
できない〜っ
カッ
カッ
できなくてイヤになるよりわかりやすい工夫を！
途中まで輪っかを入れておくと良い
なによりも大人が「して見せる」のがいちばん！
こうやってこうして〜
スッ

全部のリングを抜いて棒だけにしておくと、赤ちゃんはその棒の一番下の所にリングを入れようと思ってがんばります。棒のてっぺんからさし込まないと下に落ちないという因果関係が分からないのです。大人はよく見せてあげて下さい。この時期は出来ないことはイヤですからすぐやめます。「出来た、おもしろかった、もう一回」を大切にしてあげて下さい。

それから一歳半になると割り箸みたいな棒を片方に持ちながらもう片方で『プラステン』のリングを突き刺すという棒さし遊びが出来るようになります。

⊙つむ

子どもの手はまだまだ微調整ができるような手にはなっていませんので積み木も高く積むことができません。だんだんと積み上げるごとにバランスを崩し、倒れてしまうからです。微調整が出来ないこの時期には、小さいサイズの積み木は向きません。少しずれて積んでも倒れない、一辺が四センチから六センチ

ぐらいの大きい積み木が赤ちゃんに向いています。ただ投げたりするので気をつけてください。

穴の開いている『リグノ』『トンネルキューブ』は穴に入れたり出したりする遊びと積む遊びが出来るので赤ちゃんに向いています。重すぎない点も安全です。

一歳半ぐらいから『トーテム』という積み木もおもしろいです。これはちょうど積み木とブロックの間みたいなおもちゃで、積み重ねていくという遊びが

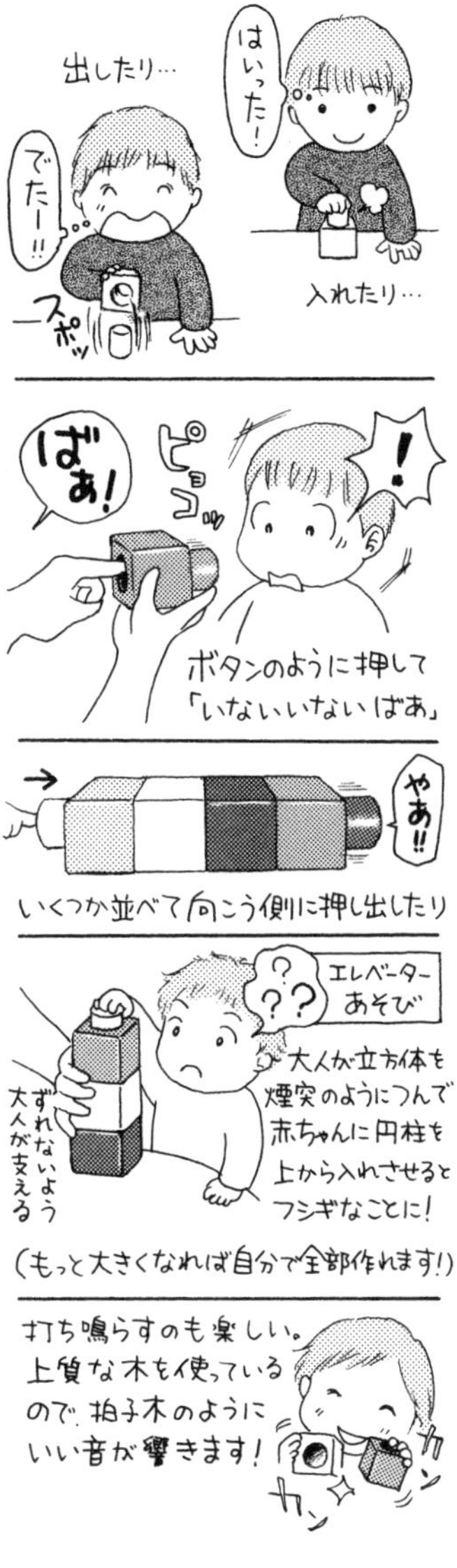

はいった!
出したり…
でたー!!
スポッ
入れたり…
!
ピョコッ
ばあ!
ボタンのように押して
「いないいないばあ」
やあ!!
いくつか並べて向こう側に押し出したり
エレベーターあそび
??
?
大人が立方体を
煙突のようにつんで
赤ちゃんに円柱を
上から入れさせると
フシギなことに!
ずれないよう
大人が支える
(もっと大きくなれば自分で全部作れます!)
打ち鳴らすのも楽しい。
上質な木を使っている
ので、拍子木のように
いい音が響きます!
カン
カン

パチッとはまる。パズルの感覚が楽しいトーテム。

コップ重ねはバラバラにしたり、重ねたり、並べたり、積んだり…

同じ色を集めたくなる。

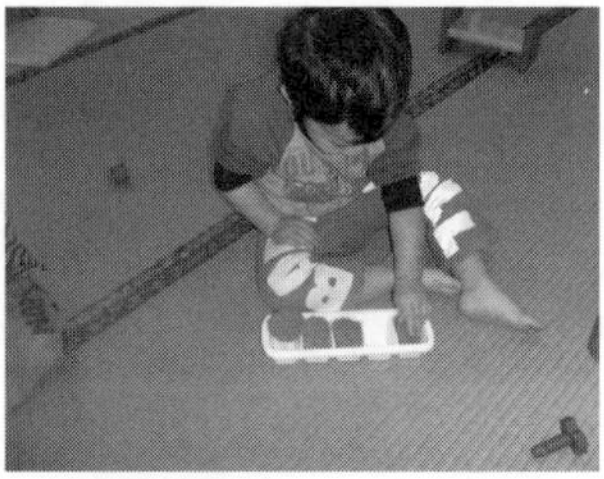

同じ色を全部、いっぱい集めたり並べたり

手首が上手に動くようになるとビーズコースターが遊べる。

ビーズコースターは手首や持ち替えを育みます。

できたり、並べる遊びができます。

この『トーテム』は、溝の所に重ねて積み重ねていけるようになっています。凹と凸のいろんな組み合わせが出来ます。赤ちゃんから大人まで長く遊べる積み木です。

『ネフスピール』も、赤ちゃんにとって積み重ねやすいおもちゃです。赤ちゃんから大人まで長く遊べる積み木です。

⦿スプーンで遊ぶ

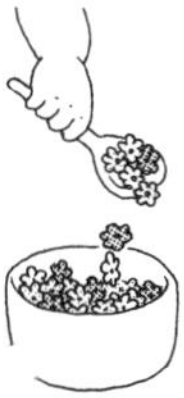

この時期にスプーンですくって移し替えるままごと遊びが始まります。本当にすくえるスプーンを使って遊ばせてあげて下さい。まだまだ手の操作が下手でよくこぼしますが、赤ちゃんはこぼさないように一生懸命している姿があります。ままごと遊びでスプーンとかフォークを使ったりする練習をしておくと、ご飯を食べるという本番の時にこぼさないようになります。

ボールとレンゲで移し替え遊び

いっぱい出したり入れたり移し替えたり。

レンゲやスプーンで移し替え遊びはごはんを上手に食べる練習でもあります。

ジャー!!

チェーンリングと花はじきはよく遊ぶおもちゃです。

ままごとは、嘘っこの遊びですから失敗しても誰にもとがめられません。お茶碗の持ち方やスプーンの持ち方を心穏やかに教えてあげて下さい。実際の食事に使う赤ちゃん用の食器やスプーンも作られています。

★この時期のおもちゃ★

ままごとセット・流し台

スプーン・ボール・ザル・コップがさね

一般的な食器
☆口が開いていて食べ物が
外に出てしまう。
よみたんの食器
ユニバーサルプレート
☆いずれも口が内側に少し
反っているのですくった食べ物が
スプーンの方へ返ってくる。
じょうずにすくえるよ♪
<断面図>

グライフパズル動物

とびらパズル農場

２歳に向けていろんな形のパズルが出来る。

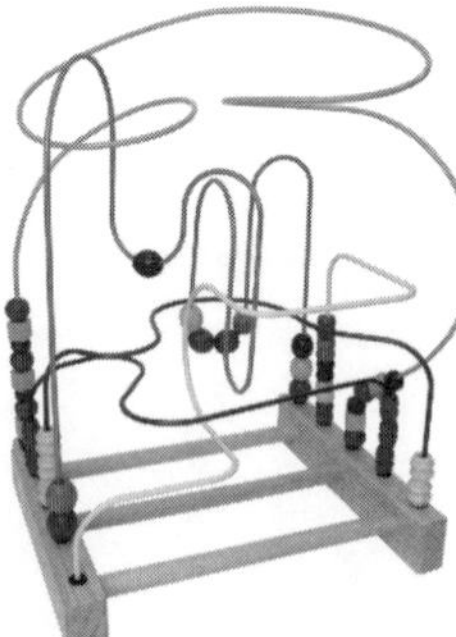

スーパーメイズ

手首を使ってビーズを動かす。

フックススタックバケツ
プラスチック製

フックススタックバケツ

スタックボックス
木製

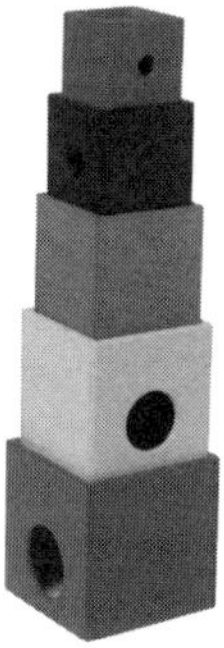

スタックボックス

つんだり、並べたり、入れたり、出したり、重ねたり、いろんな遊びが出来るおもちゃです。

★おすすめの食器★

『ユニバーサルプレート』・『よみたんの食器』

一般的な食器は口が開いているのでスプーンで子どもがすくう時に食べ物が逃げてしまいます。口が内側に少しそっているだけで、食べ物がスプーンに入りやすくなります。自分でなんでもしたがる時にこぼさずに食べることが出来る便利な食器です。

◎形にぴったりはめる

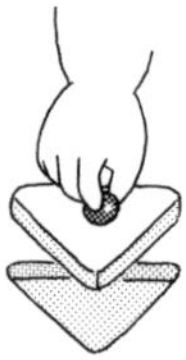

一歳半になると今度は型はめパズルもできるようになります。丸、三角、四角という形がおおよそ分かるだけではなくて、だんだんとむずかしい形も分かってきます。こんなときにつまみのついている型はめパズルを与えてあげましょう。赤ちゃんはいろんな形を覚えてパチッとはまることがうれしいのでよく遊びます。

★この時期のおもちゃ★
パズル・型はめ・ポストBOX

◉コップ重ね　遊び方マニュアル

『コップ重ね』のおもちゃもこの時期におもしろいおもちゃです。いろんなメーカーが工夫して作っています。大きさの違うコップがいくつかあって、大

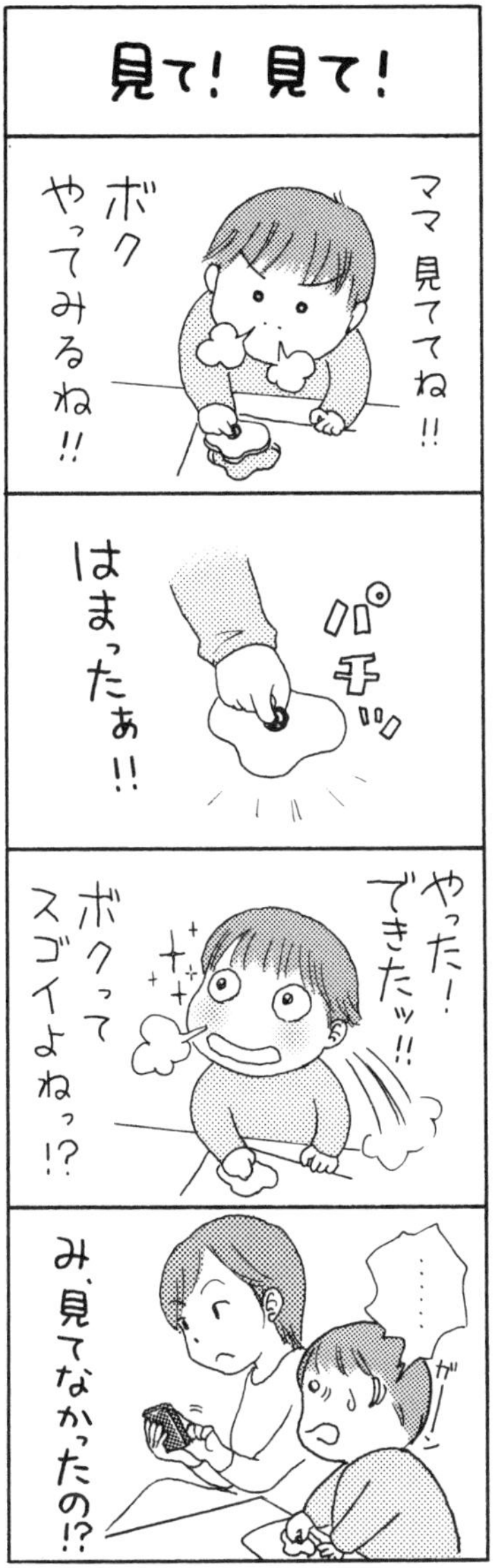
見て！見て！
ママ見ててね!!
ボクやってみるね!!
パチッ
はまったぁ!!
やった！できたッ!!
ボクってスゴイよねっ!?
……
ガーン
み、見てなかったの!?

きいコップに小さいコップを収納すると全て納まり、コップを逆さにして積み上げるとタワーになるおもちゃです。

◉コップ重ねの遊び方マニュアル

①一〇か月頃から納まっているコップをバラバラに全て出す。

②一〇か月頃からタワーにしたコップをバラバラにこわす。

③一二か月頃から大きいコップの中に小さいコップを入れる。入らないのがあると投げる。

④一八か月頃、ままごとのコップとして使う。

⑤一八か月頃、コップを大きさの順に収納したり、逆さにしてタワーを作り始める。

⑥二四か月頃、同じ色のコップを集めたりする。

⑦二四か月頃、一直線に並べたりする。

⑧三〇か月頃、赤のコップに赤の花はじきを入れたりする。

⑨水あそびや砂あそびを通じて、大小や大中小の関係を理解していく。

⊙ぼくの！　わたしの！　けんかのはじまり

一歳半からは、強烈な自己主張の時期に入ります。この時期は自我を育てる大切な時期。自信や自尊心を育てる大切な時期です。これが三歳過ぎぐらいまで続きます。「ボクの！」「わたしの！」と言い始めて、自分がほしいと思った

大きい・小さい
じゃらじゃら
♪
ぜーんぶ
はいったぁ～♡
こんどは…
こっちに
うつしてみよう
あれ？もう
入らない…？

おもちゃがあると友だちから奪い取ろうとします。そしてその子がなかなか離さなかったら、押したり、たたいたりして取ろうとします。

そうやって「イヤ」とか「ダメ」とか「わたしの」とか「ボクの」ということがだんだん出てきて、ちょっと扱いにくい年齢に入ります。でも子どもが自分の意欲を出して自己主張することはすばらしいことではありませんか？

しかし残念ながら、まだ社会性がないので「貸して」と言ってから貸してもらうとか、「半分こにしようね」という「トラブルを解決する方法」が身についていないのです。ですから、殴る、噛む、あるいは奇声をあげる、あるいは泣くとかいう方法でしか解決できません。

親は「仲良くしなさい！」と言いますが、仲良くはこの時期非常に難しいのです。子どもの力で仲良くはできませんので、大人が間に入ってあげて、「大丈夫」と言ってあげて、「いっしょ、いっしょ」というふうに解決してあげて下さい。

この時期は、一緒に遊ぶということが好きなのですが、仲良く役割を分担したり、ルールを守って遊ぶということはできません。同じ場所で同じ様なことをすることを喜びます。友だちのいる所に積極的に行きますが、行ったらすぐにトラブルになります。親が見守りながら同じ物を二つ用意してあげて、「いっしょ、いっしょ」と言ってあげたり、もし同じ物がなかったら、他のおもちゃに誘ってあげて、「こんなおもちゃおもしろいね」と言って楽しそうに遊んで見せてあげるとそこへ行きます。コツは必ず楽しそうに遊んで見せてあげることです。「はい」と渡すだけではダメなのです。動かして見せてあげないとダ

自分で!
ボクがいちばん
えらいの!!
フンッ
ダメーッ!!
ダメダメダメッ!!
ぜーんぶわたしの!!
じぶんでするのッ!!
プイッ
あの…
確かにメンドーだけど…
クソ～
わかりやすいっちゃあわかりやすいか…

メなのです。

この時期は友だちが遊んでいる「遊び」を取ろうとしています。ところが「遊び」は取れないのです。おもちゃは取れても遊びは取れないのです。だからものすごいケンカをしておもちゃの奪い合いをしますが、取ったおもちゃで遊ばないことが結構多いのです。一生懸命ケンカして取ったおもちゃをポイッと捨てます。そして誰か他の友だちが遊んでいる所に行くというのがこの時期の子どもの特徴です。人が楽しそうに遊んでいる遊びに反応するのです。

この時期、子どもたちが複数いるときは、なるべく「いっしょ、いっしょ」の遊びをするか、それともお互いが不必要に干渉し合わないように別々な遊びをするとかいうことが大事です。

この時期のトラブルは、大人が調整してあげて下さい。何よりも「大丈夫」と安心させてあげて、子どもの気持ちを言語化してあげましょう。そして問題の解決の具体的なモデルを見せてあげるというのが三歳までのとても大切な大人の仕事です。

この時期に解決のモデルを見せてもらっていないと、TVやビデオから教えてもらったやり方をします。でも殴っても噛んでも蹴っても泣いても問題は解決しません。自己主張はOKなのですが、どのような努力が大切か、どういうふうにしたら自分の思い通りになるのかということを学んでいくということが必要です。自己主張をやめなさいというセリフを言うとすごく子どもは傷つきますし、結局はパニックになります。

自我が芽生え自尊心を育てる時期は否定語が大嫌いです。「ダメ」とか「やめなさい」という言葉がすごく嫌いです。「上手」とか「よくできたね」「うれしいわ」とか「ありがとう」という言葉が大好きです。できることをいっぱいさせてあげて下さい。この時期は人生で一番意欲的な時期だと私は思っています。何でもできると思って何でも挑戦します。

でも人生で一番意欲的な時期は、人生で一番挫折する時期でもあります。パニックになることも多い時期です。

まだ見通しを持たないでやりますから、ケガをしたり危険なことをよくしますので気をつけて下さい。油断をすると本当に、例えば階段から落ちたりとか、散歩に出かけて行方不明になってしまうとか、持てそうもないような重い物を持とうとして落としてしまうとか、あるいは手の届くところのテーブルクロスを引っぱって机の上にあるものを全部引きずり落としてしまうとかいうことをしますから気をつけて下さい。

冒険する範囲がどんどん、どんどん広くなっていきます。社会に対する興味とか、自分に対する自信とか、意欲というものはとても大切なので、伸ばして

あげて欲しいのです。しかし、社会性がまだ育っていませんから、大人が間に入ってあげて危険なことから守ったり、危険であることを教えたり、また友だちとの関係については上手に解決の見本を見せてあげたりして下さい。

この時期は、みんなが主人公の遊びをします。役割を分担したり、ルールに従うことはまだ難しいです。ままごとだと、みんなが主人公でおなべとスプーンを持ちたがります。自分の分がないと人の使っているものを取ってすぐにトラブルになる時期です。情緒が安定している時に「ちょうだい」と手を合わせて物をもらったり、「どうぞ」と言って物を渡したりの練習を親子や友だちとしましょう。

◎子どものけんかについて

子どものケンカに大人は口をはさんで下さい。困っている子どもは他人の子どもでもメイアイヘルプユーと助けてあげて下さい。誰が悪いか裁判してはいけません。裁判をすると親同士のケンカになります。どの子も良い子です。問題解決の方法の見本を大人が見せて子どもが学ぶ時期です。

◎赤ちゃんの集中力

まだまだ、まわりの刺激に過剰に反応する時期なので、なかなか長い時間集中することは出来ません。それでも、この頃から少しずつ長い時間集中するこ

とが始まってきます。

型はめのパズルを全部はめ込むまで集中するとか、手さげバッグにいっぱいになるまで積み木を入れるとかします。

この時期は、「いっぱい」とか「全部」が集中の中味です。大人が考える集中している姿は、言葉が話せて、お話を作って遊ぶ姿や、イメージを持ってそれを形に表そうとして遊ぶ姿です。これは幼児期の課題です。

まわりの刺激に過剰に反応する時期だからこそ、TVなどの強い刺激をさけて、静かに遊ぶひとときも大切にしたいものです。

⊙入ったり出たり乗り越えたり

物を持って長く歩いたり出来るようになります。安定して歩けるということは、いろんな所に登ったりしたがります。体重移動が上手なので段ボールの中に入ったり、出たり出来るようになります。浴槽にも入ったりしますので気をつけて下さい。

この時期は、土手登りや階段登りなどからだ全体を使って目標を乗り越える遊びが大切です。自信・自尊心を育みます。

⊙イライラをとる遊び

この時期は何でもできるぞと思う自信過剰な時期です。何にでも挑戦するの

ですが、やってみたらできないことが多いのです。とてもイライラしている時期でもあります。子どもの情緒の安定がとても大切になってきます。

『クーゲルバーン』とか『クネクネバーン大』などの単純な繰り返し遊びがとても大切です。こういう単純な繰り返し遊びを子どもが遊ぶと自分はやればできるんだと暗示にかかるのです。難しい遊びに挑戦してできなかったら、『クーゲルバーン』のところに行っては繰り返し遊び、何回も遊んだらまた元気になって難しい遊びにいくというような形で使われます。0歳から始まる玉

チャレンジャー
物を持って歩く!!
階段を登る!!
ハイハイから、その内しっかり歩いて上がるように…
びっくりするような所にいてくれたり…
危ないこともしますが、彼らが思ってることはやっぱり…
ワタシってスゴイでしょ!

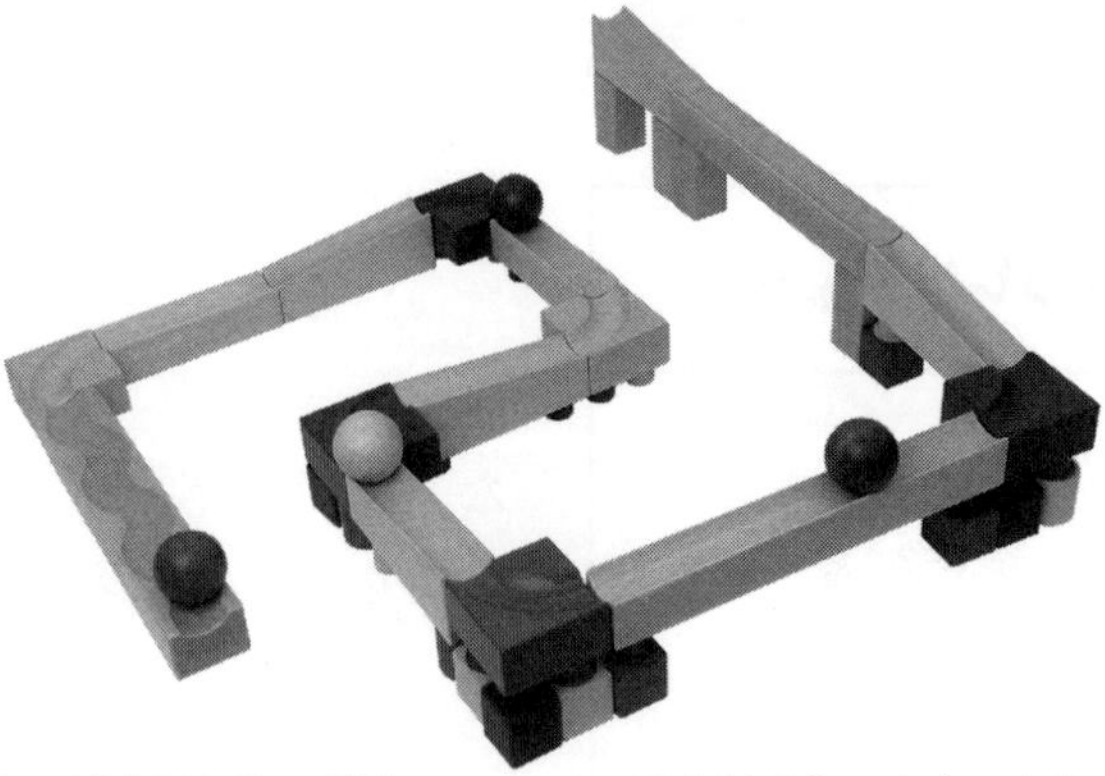

キュビオ玉の塔　直径 4.5 センチの玉を転がすつみ木。赤ちゃんの口に入らない玉のサイズ。

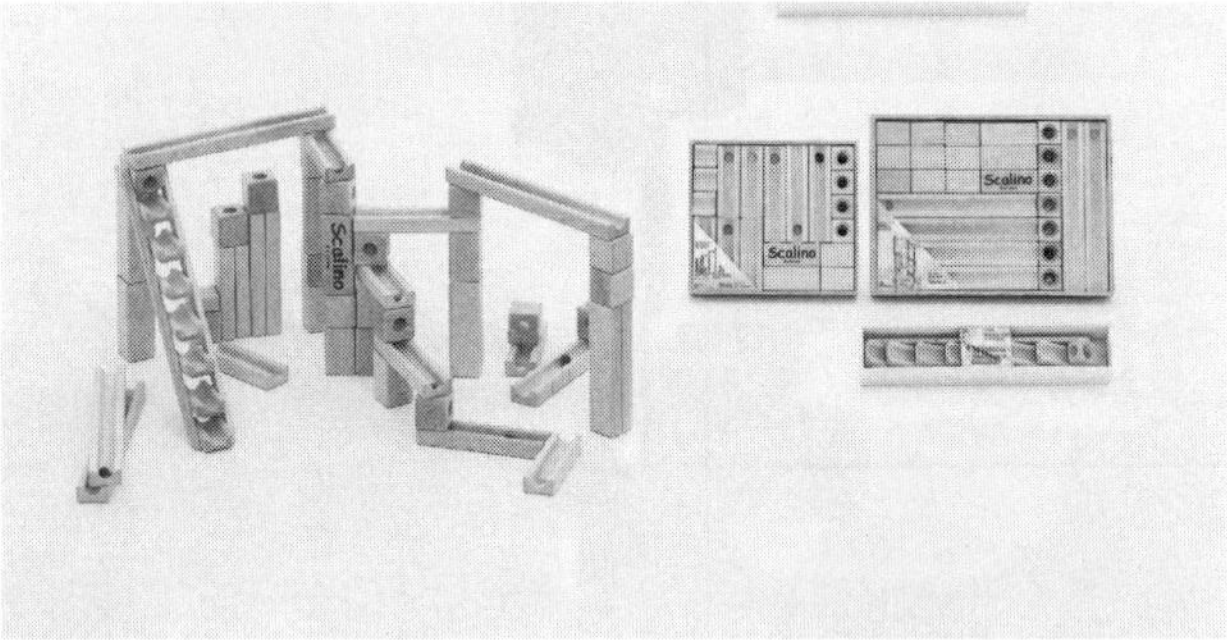

スカリーノ

組立てクーゲルバーン

スカリーノと**組立てクーゲルバーン**は、ビー玉を使うので、誤飲に注意！組立てるのは、３歳を過ぎてから。小学生もとてもよく遊ぶつみ木です。

が転がるおもちゃというのは、長く遊ぶおもちゃです。

そして、三歳を過ぎてくるとそれを実際に自分で組み立てていくような積み木もあります。『組立てクーゲルバーン』とか、『スカリーノ』などの玉の道をつくる積み木です（実際は子どもだけで組み立てられるのは五歳ぐらいですが、親が一緒に遊んであげる分には三歳ぐらいからでもできるかもしれません）。

単純な繰り返し遊びは、大人から見たらすぐ飽きそうでつまらないおもちゃなのですが、子どもにとっては、やればできるんだという元気を充電するおも

ちゃですので、三歳を過ぎても片づけないで出しておいてあげて欲しいと思います。

【4】2歳児のおもちゃ

◎我が子は天才!

二歳の誕生を迎えると子どもの成長が目に見えてわかるようになります。あきらかに赤ちゃんから幼児へとステップアップしています。ていねいに手をかけて育てるほど育つ時期です。あまりの学習能力の高さに「我が子天才!」と思う時期です。幼児教育の専門家に子どもを預けた方が、子どもの才能が伸びるかもしれないとも思う時期です。私は幼児教室は、お母さんが友達を作ったり、専門家の先生からアドバイスを受ける上では賛成です。子どもだけを賢くするのは難しいと思います。特に素人の考えで、賢くなるビデオやコンピューターを与えたら賢くなると思うのは危険です。親子が共感したり反応し合って賢くなると思って下さい。学習能力は人の話を良く聞く、人のやることを良く見る、そして良くまねることです。TVなどの映像は、子どもを人工的にTVを見させるために工夫されています。五秒前後で画面を変化させ、子どもの良く見る・良く聞く・良くまねる力を弱らせます。内容が良くても、子どもはTVの前では、見流し、聞き流し、まねないで興奮しているだけです。少々は、OKですが、長時間の乳児のTV視聴は心配です。人は人が育てないと人にはなれないと思います。

良く見る・良く聞く・良くまねる学習能力を高める一番は、お手伝いです。この時期一番大好きなお手伝いを通じて言葉を育て、手先を育て、良い人間関係を育てて下さい。

TVはゼロにすることはありません。我が家のルールをつくりましょう。TVがなくても子どもがよく遊ぶように育てることは出来ます。

⊙のりものを集める遊び

二歳ぐらいになると自動車を集めたり電車を集めたりすることが好きになります。この頃の遊びは、押したり並べたりの遊びが中心です。それもブルドーザーのように、まわりのものを押しのけて進む遊びをします。まるで「そこのけ　そこのけ　俺様が通る」って感じです。

この頃は爆進する自我の時代で自分の行く手をさえぎるものは全て排除する

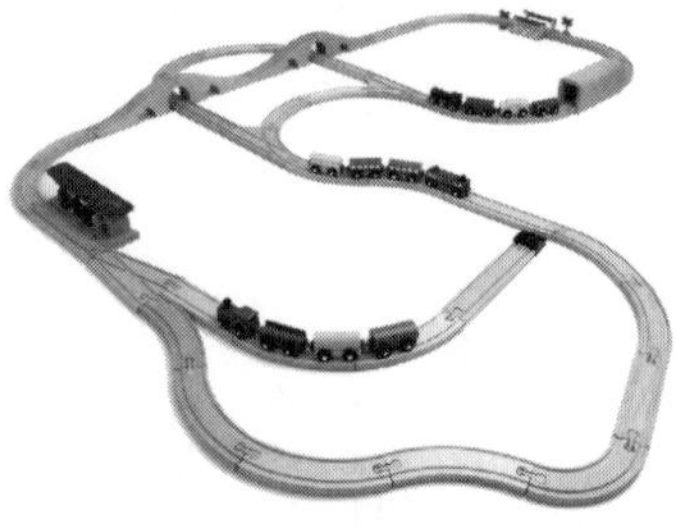

汽車セット　自分の手で押すのがたのしい。

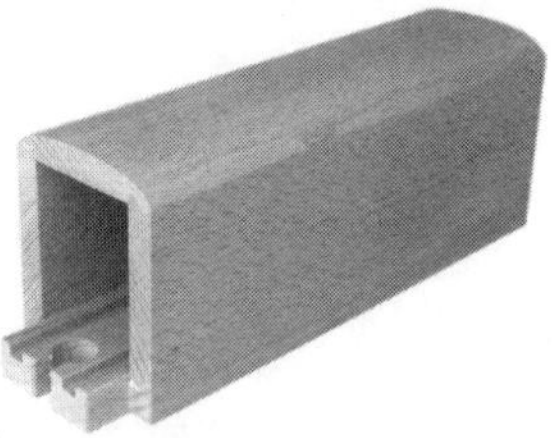

ぱふトンネル　汽車が消えるトンネルが大好き。

ミニランドセット　動物の名前を覚えたり、並べたり、動物園にしたり。

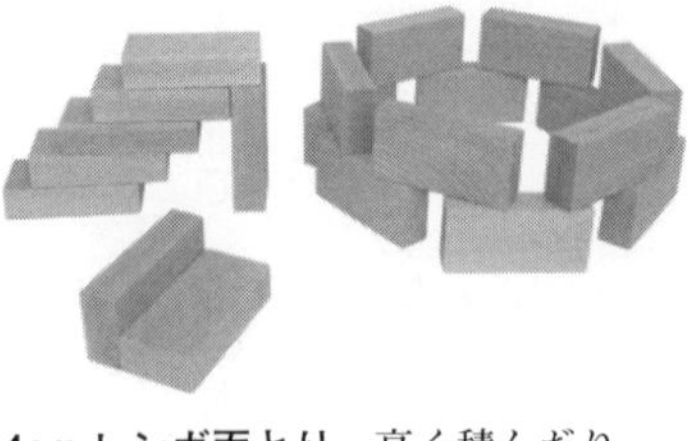

4cm レンガ面とり　高く積んだり、長く並べたりの遊び、本格的なつみ木遊びは幼児期。

4cm レンガ面とり木箱入り

ようなことをします。自分が自分の主人公で、大きな自分、強い自分、なんでも出来る自分でありたいという気持ちで遊びます。それは、たくさん集める、いっぱい並べるという遊びにあらわれています。

まわりの風景や駅の役割ということに興味はありません。自分が消えたり、出たりするトンネルや自分をせき止める踏切や坂道が好きです。

平和のために
よくあること。
いいな!!
あッ
サッ
ウワァアァン
お友達に返しなさい!!
ヤ!
「いっしょ」が「いっぱい」だと、ケンカになりにくいですよ。
それぞれに汽車がいっぱい!

右手と左手が協力してひもを通す。

すごく集中しています。

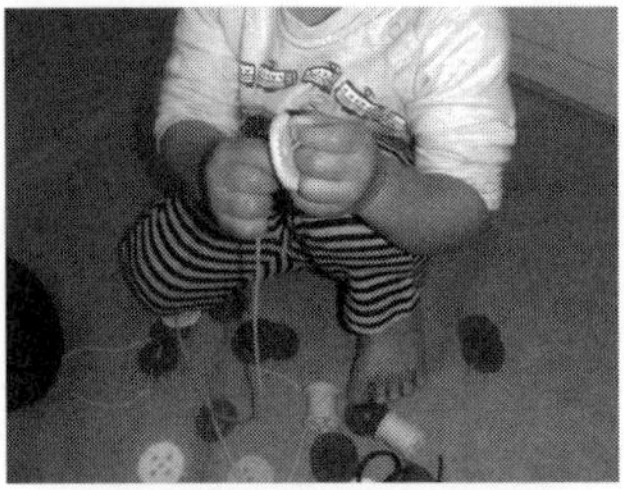

ボタンや花はじきのように薄いものが通しやすい。

糸巻きのように厚手のものは少し難しい。

ねじをしめる、はずすことも2歳から。

はじめははずすことから始めます。

★この時期のおもちゃ★

汽車セット・トンネル・自動車

◎TVの主人公に変身!!

二歳は、ことばの理解もすすみ、TVの会話も少しはわかってくるようになります。この頃からTVを長い時間見るようになって、TVの影響を強く受け

はじめます。

子どもは、強い刺激に反応しますので、残念ながら暴力的な番組を好んで見てしまいます。「愛」や「正義」や「友情」という言葉をしゃべったりしますが、意味はまだまだわかっていません。ただ暴力的なシーンに反応しているだけです。

大きくなりたい、強くなりたい、なんでも出来る自分になりたいというこの時期の子どもの欲求がオールマイティのＴＶの主人公に変身することと結びつくのです。変身するとなんでも出来る自分になったつもりになるのです。

でも、よく考えてみて下さい。暴力でなんでも解決することは強い人間なのでしょうか？　子どもたちに、もっと別の出来ることを増やしてあげることが大切ではないでしょうか？

暴力的な番組があふれている中で、大変むずかしいことですが、できるだけこの手の番組から子どもを遠ざけて欲しいものです。

⊙お母さん・お父さんに変身!!

ＴＶの暴力的な主人公に対して、ままごと遊びの主人公に変身することはとても大切です。
ままごと遊びは、①子どもが日常生活に関心を持つこと、②さまざまな生活道具の名前を覚え、その扱いが上手になること、③言葉が育つこと、④人とかかわることが上手になること、など子どもが育つ上で大切な遊びです。
子どもが毎日の生活の中で一つひとつ分かる喜び、出来る喜びを積み重ねて

キッチンプレイタイム　　**アスコオナベセット**

割れにくいプラスチックのままごとセット。

乳児用白木流し台　流し台の下はおもちゃ棚になっています。

白木流し台普及版

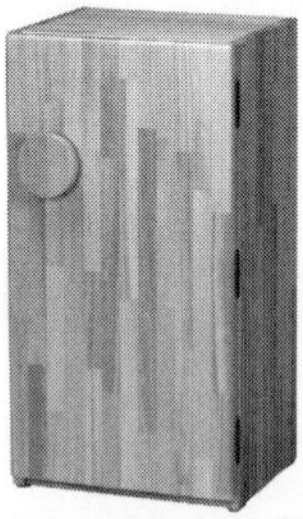

冷蔵庫

電子レンジ

ままごと遊び

二人とも主人公です。

いって、自信と自尊心を築くことがとても大切なことです。ＴＶの主人公に変身して、暴力で何んでも解決できる強い人間になったつもりでも、目の前の生活の一つひとつの具体的なことが出来ないようでは、将来、不器用な子どもになってしまいます。

近年ＴＶのヒーロー遊びしか出来ない子どもが増えています。言葉の数も少なく、内容はありません。特に女の子も戦いごっこをするようになり、保育園や幼稚園でせっかくままごとコーナーを作っても遊べない状態です。ただちら

かすだけでごっこが出来ないのです。悪者をやっつけないと平和な日常生活がもどらないのでしょう。早く日本の子どもの心に平和がもどり、楽しいままごと遊びを男の子も女の子もして欲しいものです。

★この時期のおもちゃ★

ままごとセット、大工セット

◎器用な手

二歳になると、とても器用になってきます。ネジを回すということができます。そうするといろんな栓のキャップを開けたり、お母さんのクリームのキャップを開けたりします。いろんなスイッチをひねったりもします。つまんで回転させるということがすごく上手になってくるのです。

その他に、**ひも通しが出来る・ボタンを留める・ファスナーを上げる・スナッ**

プで留める・シールをはる・洗濯ばさみではさむ・密封式容器の開閉・さまざまな留め具の開閉・鍵を使った開閉などが出来るようになります。

この時期は右手と左手とが別々の仕事をして一つのまとまった仕事をするというのが特徴です。また、いろんな道具を使って遊ぶことができます。例えば**トング**を使って物をつかんだり、**ハサミ**を使って一回切りをしたり、**ネジ回し**を使おうとしたりします。**トンカチ**を上手に使ったりもします。手を切らない程度の**ナイフ**でソーセージや卵焼きを切るとかいうのも大好きです。

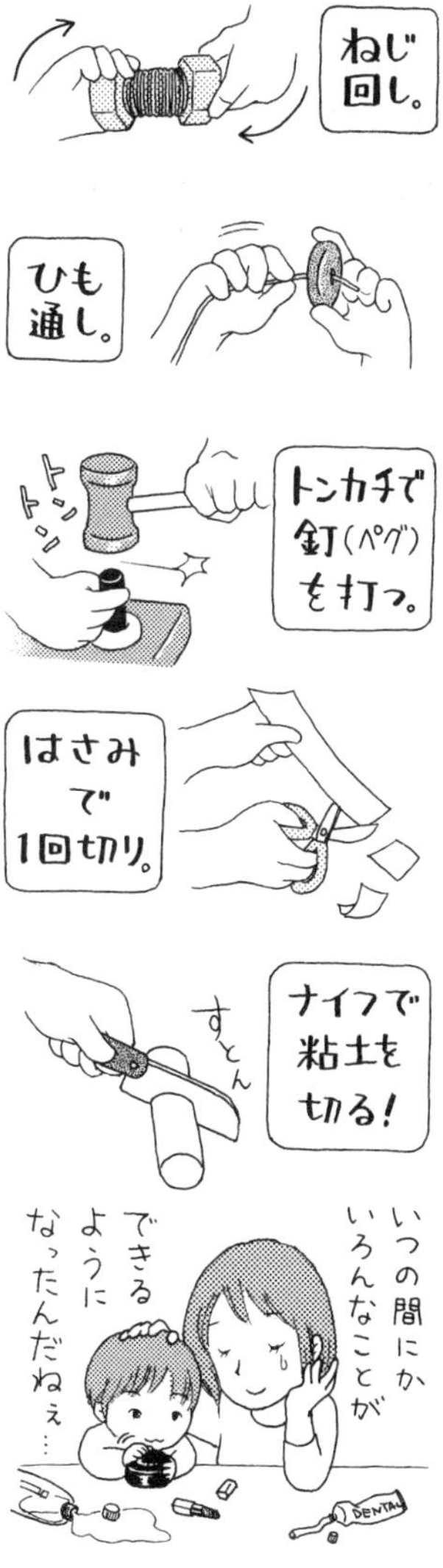
ねじ回し。
ひも通し。
トンカチで釘(ペグ)を打つ。
トントン
はさみで1回切り。
ナイフで粘土を切る!
すとん
いつの間にかいろんなことができるようになったんだねぇ…
DENTAL

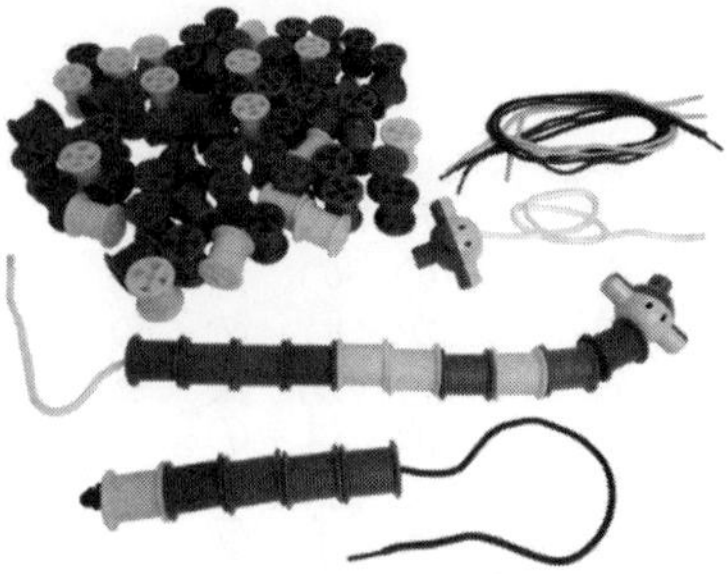

カラー糸巻き

くまのひもとおし

エデュコボタン

HAVO カラービーズ

ねじあそび

おもちゃでは、粘土を切ったりする遊びを用意してあげると大人は安心して遊ばせることが出来るでしょう。粘土も小麦粉粘土やみつろう粘土があります。

★この時期のおもちゃ★

はさみ・みつろう粘土・くまのひも通し・ひも通しのビーズ・ねじのおもちゃ・センタクバサミ

◉ことばの力

まねごとがますます盛んになってきて、言葉もたくさん覚えていっぱい話し始めます。言葉がでてくると素晴らしいことがいっぱいはじまります。「やめて」とか「ダメ」とかいう言葉を友だちとの関係に使い始めます。この「ダメ」とか「アカン」という言葉が使えるから殴ったり噛んだりをしなくてすむわけです。あるいは「ちょうだい」もそうですし、「貸して」もそうです。

言葉は、人間関係を築くうえで大切です。どんな遊びをするのか言葉で伝えて友だちと遊ぶことができます。それまでは友だちの遊んでいる様子を見てまねるという方法でしか遊べなかったのですが、言葉を使ってイメージの共有ができます。すると少し長く遊べるようになってくるのです。

人形を赤ちゃんにみたてて遊ぶことも上手になります。「二歳はもう赤ちゃんではないのよ」という気持ちなのでしょう。子どものセリフを聞いていると大人はドキッとさせられることが多く、大人の言葉づかいを反省させられます。二歳未満の赤ちゃんは人形の目に指を入れてつぶすことがよくありますので、目を閉じた『スリーピングベビー』がおすすめです。

子ども同士が仲良く遊ぶために必要な条件として、言葉はすごく大切です。言葉に実効性がないとダメです。「順番」というのは自分の番がくるんだとか、「お約束」というのは遊ぶために必要なものなんだと、自分のためにあるんだということを肯定的に理解してほしいです。「順番」とは自分が無視されることだとか、「お約束」というのは自由がないことだと思ったりしないように、できるだけ肯定的にとらえるような経験を積んであげて下さい。

★この時期のおもちゃ★

ソフトベビー・スリーピングベビー・ベッド
アイロンセット・そうじ道具のおもちゃ

お人形遊び

スリーピングベビー

ソフトベビー

ロッキングベッド

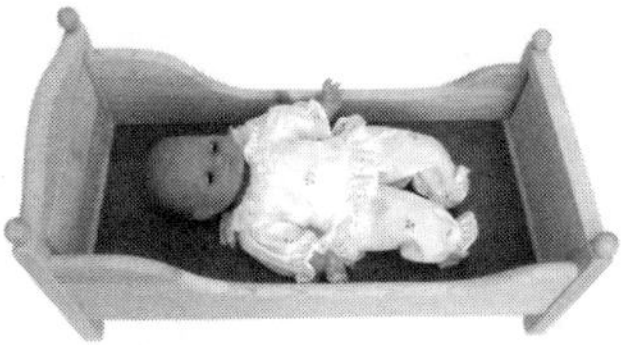

ドールベッド

まほうのミルクびん

ミニバギー

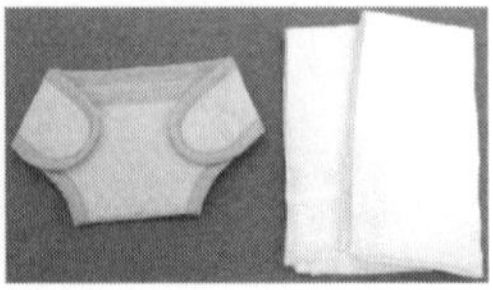

布おむつ

⦿並べる・集める

二歳代に、色の名前を言い始めます。いくつか色が分かってきます。まだ分類したいという気持ちは最初のうちはありません。ただ一緒であるということを見つけるのが大好きなので、「いっしょ、いっしょ」という遊びをさせてあげて下さい。同じ物を集めるということをよろこんでします。同じ色や形を集

夜逃げ
何してんの？
ピクニック!!
ホラ
……ピクニック？
じゃあね～
それは
夜逃げだろ……

キューブモザイクで遊んでいる。

レナモザイクをさしている遊び。

細かいものが好き。

ボードを小さくして与えている。

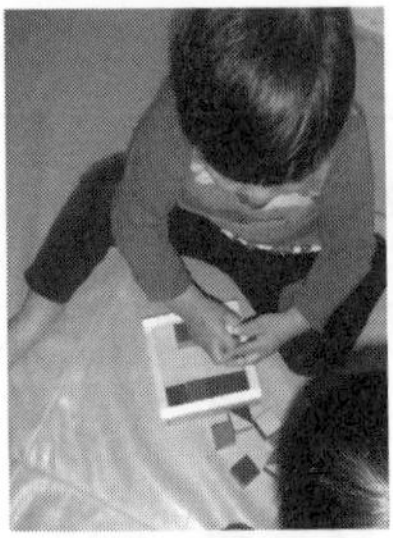

色を分類して、

どんどん並べて、

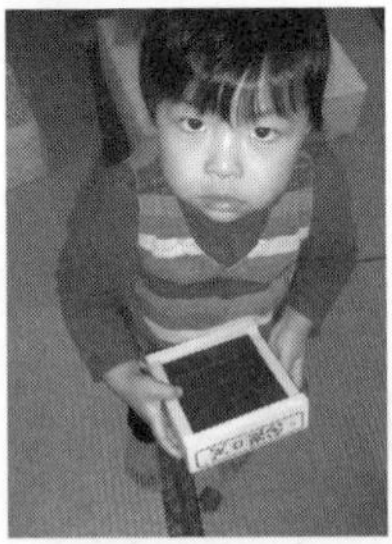

完成！！

リモーザで遊んでいる２歳の子ども。

同じ色を並べる遊び。

同じ動物を集める遊び。

どんどん並べる。

どちらの方が
達成感が
大きいでしょう？

めます。同じ絵を集めるのも出来ます。

二歳半に向けてこのような遊びが顕著になってきます。これを分類する遊びと言います。同じ物と同じ物ではないという物を分類する遊びです。この時期に頑固な性格が出てきます。妥協を許さない。何でも物を一直線に並べるとか、同じ物ばかりを集めるとかします。ちょっとでも違うのが入っていたらそれを取り除いたり、あるいは真っ直ぐ並べた物が歪んだらすごく苛立ってパニックになったりします。きれいな模様を作ったりするのは三歳ぐらいからです。はじめはいっぱい集めること、次は分類すること、そして、秩序だった組み合わせをします。この秩序は、三歳過ぎからのテーマです。今はひたすら集める並べる分類するです。

二歳代でだいたい二五個ぐらい並べることができる子がいます。三歳になると一〇〇個ぐらい物を並べたりしますし、四歳ぐらいになると二〇〇個以上並べる『アイロンビーズ』遊びが出来ます。ビーズを並べるだけで二〇分ぐらいはかかります。かなりの集中力が育ってきます。

また、二歳代のこの時期はすき間が嫌いで、緻密に並べます。積み木遊びで互い違いに並べたり、空間を利用したりするのは三歳過ぎからです。

★この時期のおもちゃ★

積み木・プラステン・リモーザ・レナモザイク・動物積み木・ミニカー・キューブモザイク・絵カード（ロット・メモリー）・パズル

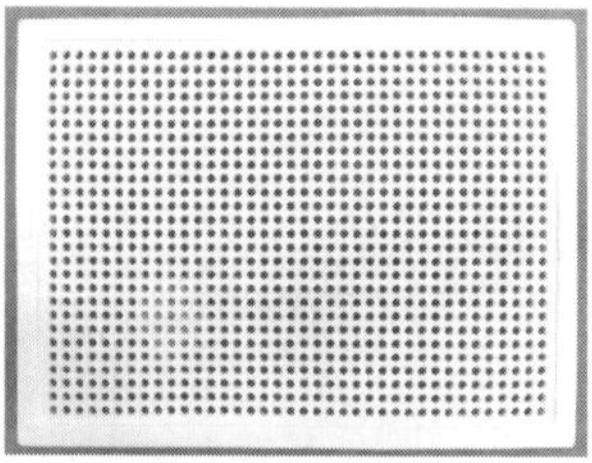

レナモザイクモード小

レナモザイク作品　家

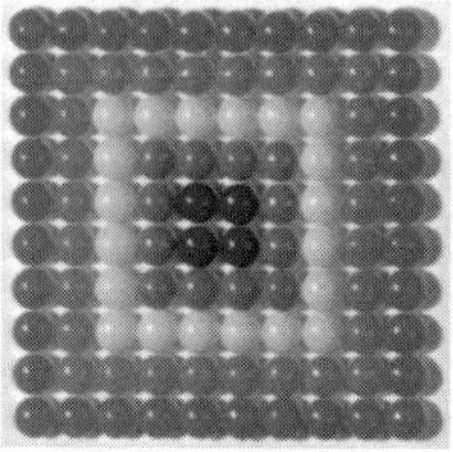

リモーザの作品

リモーザセット

キューブモザイク

六面体キューブパズル

パズル　あひると子ども　パズル　ペットファーム　パズル　建築現場

パズルのデザインが日常や社会をあらわしている。

⦿なかよくけんか

この頃は、まだまだ仲良くはできなくて、一人でコツコツと遊ぶということと友だちと「いっしょ、いっしょ」の遊びをすることが大事です。特に物を分類する時期はとても排他的ですから、ケンカ早いと思って下さい。今まで宇宙と混沌と一体化していた自我が、「自分は自分なんだ」と、はっきり世の中に

両足をつけて存在を明らかにしようとしている時期です。ですから、とても自己主張が強いわけです。この自己主張は大切ですから上手な自己主張の出し方を学べばいいのです。

友だちの自己主張と自分の自己主張がぶつかったときにケンカになります。どうやって折り合いをつけるかということを親が見本を見せてあげて、三歳を過ぎたら子どもにだんだんまかせていくようにしていったらいいと思います。つまり、「どんな方法があるかな」と子どもと相談しながら「あんな方法がいいかな。どうする?」と相談にのりながら聞いてあげたらいいと思います。

子どもがケンカをすると、よく「仲良くしなさい!」と私たち大人は言うのですが、これが非常に難しいことなのです。子どもにとってどうしたら良いかわからない指示だからです。ひょっとすると子どもは「取り合いをしているおもちゃを早く奪って逃げろと言っているのかな」それとも「欲しいとか、やってみたいと思ってはいけないのかな」とか「どうして公園に来るとお母さんは自分の敵になり他人の味方になるのか?」「なんで、自分がおこられるのか?

わからん！」と受けとめているかもしれません。つまり具体的にどういう行動をとったら仲良くなるか分からないからです。具体的な指示をしてあげて欲しいのです。

例えば、「同じものが近くにないか探そう」「順番にしよう」「じゃんけんをしよう」「終わったら貸して」「いっしょにあそぼ」「一個だけちょうだい」「交換しよう」「半分にしよう」「10数えたら交代しよう」等々です。

⦿お手伝い大好き

この時期はお手伝い大好きです。これは人の役に立てるという自尊心をくすぐられるからです。人に喜ばれることが喜びであるという社会性が、もう芽生えているわけです。この時期に単純な仕事をいっぱいお願いして手伝ってもらって「ありがとう。助かるわ」と言ってあげて下さい。

お片づけも、パズルが好きなように大好きです。キチッとはまるとかちゃんと箱に片づけるとか、同じ場所に同じ物をちゃんと置くとか、向きまできちんと揃《そろ》えないとダメと思う時期です。残念ながら自律の力がまだ弱いのでキリがつかないだけで、片づけに行った先でまた遊んでしまうというのがこの時期です。三歳過ぎぐらいにならないと自分でキリをつけるという力はまだまだ育っていません。キリをつけられるように親は手伝ってあげてください。

◉言葉を育む大人のかかわり

この頃は、もう自分は一人前の人間だと思っていますから、親が勝手に子どもの気持ちを無視して断ち切るような関わりをすると、パニックになったりしますから気をつけて下さい。あくまでも相手の気持ちを考えて大人に語るように「そろそろお母さん出かけるから、キリをつけてくれるかな」と言って、「あ

ママだいすき!
ねーママー
お掃除してるから、あとでねー
ちがうのに…
ママ〜ボクもするぅ〜
遊んでほしかったから呼んだわけじゃないんだ…
こう?
ギュ〜
ただただ一緒にいたかっただけなのね…

と何回で終われるかな。とっても急いでるの」と言って下さい。

「うん、あと三回」と言ってくれたら、「ありがとう」と言って、一緒に「一、二、三、おしまい。じゃあ行こうか」「ありがとう。早くキリつけてくれてうれしかった」と言ってあげて下さい。この時期「ありがとう」「うれしいわ」がとても大好きなセリフです。子どもが言葉を学ぶためにも、大人が具体的な指示を出すことは大切です。

例えば「それ取って」とか「あれ取って」という日本語はほとんど分かりません。「ちゃんとしなさい」「きちんとしなさい」も分かりません。「ピアノの横にあるバケツの中に捨ててきてくれる」とか、あるいは「台所の青いバケツの所にかかっている黄色い雑巾を持ってきて」というふうに言うと、子どもは取ってきてくれます。そうやって具体的に指示を出すことによって、子どもはいっぱい日本語を学びます。この時期お手伝いをすごくしたがっていますから（残念ながらちょっと二度手間のことも多いですけど）、子どもに手伝ってもらいながら会話を楽しむことにたくさん時間を使って下さい。豊かな会話が子どもの言葉を育てます。

★この時期のおもちゃ★

本物の道具で子どもが扱いやすいサイズのもの。

⊙ドタバタの遊び

二歳代の大好きな遊びの特徴に「がさつ」「うるさい」があります。自分の身体に自信があり、それをフルに使う動的な遊びが好きです。まるでアクセルを踏みっぱなしの自動車のような時期で、ブレーキをかけることを知りません。早く走ることが好きです。「キャー!・」と叫んで友だち同士で走り回ったりすることが大好きです。この時期の仲良く遊んでいる姿は、「キャー!」と言って走り回っている姿です。この時期の子どもは、まだことばでイメージを共有することは十分には出来ませんが、友だちの「まねっこ」をして楽しみます。

乗り物遊び

木馬

汽車ポッポ（木）

ラビット

ポニー

ロディ

マイカー

友だちにとても興味があります。「まねっこ」をしてお互いに意識し合う遊びです。イメージはまだまだ簡単なものです。

ジャンプするのも好きです。高いところから飛び降りてジャンプすることや同じ場所で、クルクル回るということも好きです。三半規管が発達してきていますからバランスを崩したり、戻したりということが好きなのです。『ロディ』にまたがってピョンピョン跳ねる遊びとか、あるいは『木馬』なんかも過激に揺り動かして遊びます。ブランコも大人がついてあげると上手に遊びます。

また、子どもがまたがって足でけとばして走る自動車があります。四輪車やバイクの形をしたおもちゃもありますが、ものすごいスピードで地面をけとばして走ります。この時期は風を切るスピードが好きです。またがって乗る自動車がおもしろいのは、そのスピードが好きだからです。ジャングルジムとかすべり台みたいな物もとても好きです。がさつな遊びをしますから、時々壁にぶつかったりしてケガをしたりするので気をつけてあげて下さい。運動するエネルギーがとても高いので一日一回、頭から湯気が出るくらい運動させてあげて下さい。

★この時期のおもちゃ★

ロデイ・木馬・乗りもの

［5］3歳児からのおもちゃ

◎なかよく遊ぶ

三歳になると、言葉を使って友だちと仲良く遊ぶことも始まります。ままごと遊びでは、今まではみんながお母さんをするという平和な平行遊びだったのが、だんだんと役割分担出来るようになります。

例えば、「私は今日はお母さん、あなたはお客さんね」というふうにして遊び始めます。そうするとトラブルの中味が今度は誰がどんな役をするかということになってきます。そんなときはジャンケンするとか、順番にするというようないろんな方法で友だちの自己主張と自分の自己主張をどう折り合いをつけるかということをますます学ぶ必要が出てくるわけです。

ことばカード　絵あわせのロット遊び
絵のついた板を一枚ずつ持ち、同じ絵のついたカードを集めていくゲーム。

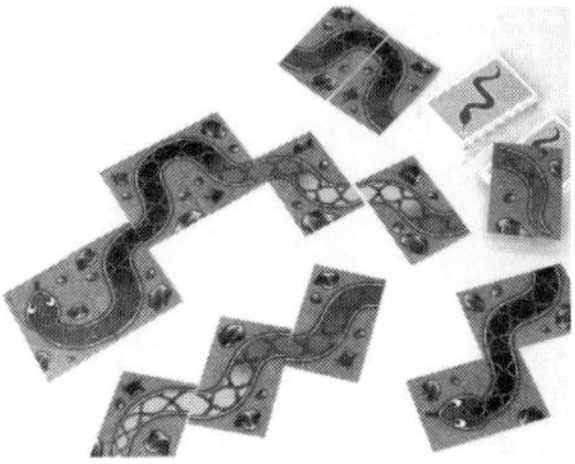

虹へび　色をつないでヘビをつくるゲーム。

クイップス
色と数に興味を持ち始めたらこのゲームの出番。

果樹園ゲーム
いっぱい実ったおいしい木の実を、カラスが食べるか、みんなが取るか。子ども同士の勝ち負けのないゲーム。

この時期からいろんなゲーム遊びもできてきます。三歳で三人位の子どもが仲良く遊んでいたらＯＫです。二歳代の子どもを持つお母さんは、とても友だちと仲良く遊ぶことを子どもに求めます。

でも、まだ仲良く遊ぶための力が弱いので、大人の仲裁や助けが必要です。放っておくと、子どもは暴力で問題を解決しようとします。その内、他の子どもたちは、自分の遊びを邪魔する存在だと考え始め、友だちが近づいただけで、何もしていないのに暴力をふるうようになります。友だちに対する不安を暴力

で排除しようとしているのです。

暴力的な子どもを見つけたら、みんなで「あの子は暴力的だわ、近づかんとこ」と言ったりしますが、どちらかというと「大丈夫よ」と言ってあげて、安心させてあげて平和な平行遊びをいっぱいさせてあげるように努めて下さい。

その子は、すごく肩に力を入れて緊張しているのです。いつも自分の遊びは友だちに邪魔される。だから「寄らば切るぞ！」という気持ちでいたり、あるいは欲しい物はすごく努力をしないと手に入らないんだと思って殴ったり噛んだりを思いっきりするのですから、「そんなに不必要なエネルギーを使わなくても大丈夫」と安心させてあげて下さい。平和な平行遊びをいっぱいした子どもが、穏やかな気持ちの中で順番とかお約束とかをだんだん学んでいくのです。

ゲーム遊びは、ルールを学んだり、順番を学んだりする遊びです。これが友だちと仲良く遊ぶ練習になります。

⊙はじめてのゲーム

子どもが最初に出合うゲームとしては、『ロット』というおもちゃがあります。一番簡単なのが『ことばカード』です。それから『クイップス』、または『果樹園ゲーム』というのも三歳ぐらいからできる遊びです。もしもお母さんと二人でするんだったら二歳でもこのゲーム遊びはできます。そして、穏やかな状態で子どもがルールというものを学んでいくということが人と関わる力の基礎になってきます。

⊙幼児の遊びの特徴

◉三歳からの遊びの特徴

①人と関わって遊ぶ。今までは、友だちのそばにいたい、そして同じことを

したいということだったのですが、三歳を過ぎてくると友だちと関わって遊びたいということが強く出てきます。友だちと役割を分担して遊ぶごっこ遊びやまた、ゲームやおにごっこも楽しく遊べるようになります。世の中のいろんな職業がおもしろくなってきて職業ごっこ遊びをしたいと思うようになります。

②立体を作る遊び。積み木がだんだん本格的におもしろくなってきます。高く高くをとことん挑戦してみたいだとか、広く囲ってみてお城を作ってみるんだとか、あるいはいろんな複雑な積み方でおもしろい形の塔を作ったり、あるいは動物積み木を混ぜて町を作ったり、あるいはお人形さんを持ち込んで家を作ったり、家の間取りを作ったりもしますし、そういう立体を作る遊びがおもしろい。ブロックも同じように立体を作る遊びですね。大好きな時期です。

③きれいな模様を作る遊び。二歳代まではグチャグチャでとにかくいっぱいいっぱい集めるだけだったのですが、だんだんと赤ばかり集めるとか、三角ばかり集めるとかいうふうに分類する遊びに興味を持ってきます。そして、だんだんと三歳を過ぎ四歳に向けて赤白、赤白という模様を作ったり、赤白黄緑、

赤白黄緑というように複雑な色の組み合わせを楽しみ始めます。きれいな模様を作るということが楽しくなってきます。きれいな模様を作るということは、その色の順番が理解できるということです。それがだんだんと簡単なものから複雑なものに理解が進みます。

積み木で言うと簡単な積み方から複雑な積み方、模様も簡単な分類の遊びから、複雑なきれいな模様、それからゲームも二人でする簡単なゲームから、三～四人の順番を守ったりだんだんと難しいルールが分かってきます。そうして

友だちとも長く同じイメージを共有しながら遊び続けていくということができていくようになるわけです。それまでの基礎がここまでお話しした赤ちゃんから三歳までの遊びにあるわけです。

三歳を過ぎてくると、大人がおもしろいと思う遊びと子どもがおもしろい遊びが重なってきますから、ハズレも少なくなってきます。それでも油断すると、テレビで見た遊びしか出来ない子どもになってしまいます。幼児の遊びについても子どもの発達や成長に合わせたおもちゃを考えて与えたいものです。

④社会や自然に興味。大人の社会を良く観察し職業ごっこを楽しんだり、自然に興味を持ち、生き物を育てたり、色々の物をコレクションしたりします。

幼児のおもちゃは近刊『幼児のおもちゃ』を参考にして下さい。

おわりに

赤ちゃんのおもちゃと言えば、『吊《つ》りメリー』か、カランコロンと鳴る『ガラガラ』か、『おきあがりこぼし』ぐらいしか知りませんでした。ヨーロッパやアメリカのおもちゃを勉強して驚いたのは、その種類の多さでした。見た目で判断すると、どれも大人には面白く思えないものばかりでした。

でも、先進国の人たちが考えて作ったものなのだから、何か意味があるかも知れないと考えてみました。そして、それらのおもちゃを赤ちゃんに与えて、どう遊ぶかを見てみました。そして、たくさんの事を赤ちゃんから学ぶことが出来ました。

初めの頃は、対象年齢をまちがえる失敗をたくさんしました。また、私の想像を超える赤ちゃんの遊びに、たくさんのおもちゃが、見事につぶされました。そして、私の固定観念も、見事につぶされたのです。赤ちゃんのおもちゃの先生は、私ではありません。それは、赤ちゃん自身です。

私が赤ちゃんにさせようとする事より、赤ちゃんがしていることが正解なのです。そのために、赤ちゃんのおもちゃの与え方をマニュアルにすることを長い間悩んでいました。

でも、たくさんの若い親たちと話す中で、みんなが赤ちゃんとどのように遊んだら良いか？　どんなおもちゃを与えたら良いかに悩まれている姿を見て、この本を作ることを決心しました。この本が星の数ほどあるおもちゃの中で、本当に赤ちゃんの喜ぶ遊びを見つけたり、おもちゃを見つけたりするお手伝いになれれば幸せです。

ここに紹介したおもちゃが、近くのおもちゃ屋さんにない時は、キッズいわき・ぱふまでお問い合わせください。

岩城敏之（いわき　としゆき）

1956年3月5日生。同志社大学経済学部卒業。
1987年、絵本とヨーロッパの玩具の店「ぱふ」を開業。KBS TV「アムアム830」に1年半レギュラー出演。1989年より6年間、マッキー総合学園・日本こども文化専門学院講師。

絵本『メチャクサ』『シーザーのハにかんぱい』デイジーととあかちゃんシリーズ『デイジーはおかあさん』翻訳（アスラン書房）・かいじゅうくんとかえるくんのシリーズ絵本『あかちゃんとおるすばん』『はがいたいかいじゅうくん』『たのしいうんどう』『うみのぼうけん』翻訳（アスラン書房）・『絵本・お話・わらべ歌』（アスラン書房）・『かしこいおもちゃの与え方』『子どもが落ち着ける7つのポイント』『子どもの遊びを高める大人のかかわり』『子育てのコツ』『続子育てのコツ』『笑ってまなぶ子育てのコツ』『家庭教育力を育む保育』（三学出版）

NHK『すくすく赤ちゃん』「赤ちゃんのおもちゃ特集」（93年3月号）「赤ちゃんとのコミュニケーション術」（93年1月号）・「おもちゃであそぼう 」（94年3月号）・「おもちゃの教室」（98年9月号）

現在（有）キッズいわき・ぱふ代表・元日本おもちゃ会議会員・元日本こどもの発達研究所講師、楽天おもちゃ大賞選考委員

子どもたちにおもちゃを貸し出し、遊ぶ様子を見ながら、子どもの遊びの環境や玩具・絵本について、幼稚園、保育園、児童館の職員研修の講師として活動している。

家族は妻、2人の男の子、1人の女の子の父
京都府宇治市宇治妙楽31　〈URL〉http://www.kidspuff.com
連絡先 キッズいわき ぱふ 宇治店　TEL 0774-24-4321

写真協力　わんぱく保育園の子どもたち

赤ちゃんのおもちゃ　0歳から3歳まで　遊び方と選び方のヒント

2012年5月25日初版発行
2020年5月15日5刷発行
著　者　岩城敏之
発行者　中桐十糸子
発行所　三学出版有限会社
〒520-0835 滋賀県大津市別保3丁目3-57 別保ビル3階
（TEL 077-536-5403/FAX 077-536-5404）
http://sangaku.or.tv

fe120 5 25nn
モリモト印刷（株）印刷・製本